NEFF

KARTEN-
LEGEN

FLORENCE EYMON

NEFF

Neff ist ein Imprint der Verlagsunion Pabel-Moewig KG, Rastatt

Die Originalausgabe erschien unter dem Titel „Le livre de Lydia"

Deutsche Übersetzung von Jutta Hein

Deutsche Übersetzung von Edith H. Aulich
Umschlaggestaltung: Werbeagentur Zeuner, Ettlingen
Druck und Bindung: Elsnerdruck, Berlin
Printed in Germany 1995
ISBN 3-8118-5848-3

INHALT

EINLEITUNG

Karten legen, sich selbst die Karten zu legen, das macht Spaß, es gibt Trost, man täte es ja gern ... Aber da ist der Punkt, daß man es lernen muß, und dazu hat man nicht immer Zeit oder Lust. Und dann gibt man auf.

Aber nein, jetzt nicht mehr!

Meine Methode macht es allen möglich, in den Karten zu lesen – die Zukunft vorherzusagen, besonders denen, die die Bedeutung und Auslegung der Karten noch nicht kennen.

Sie brauchen Ihr Gedächtnis nicht anzustrengen, nicht nach Deutungen zu suchen. Es ist unnötig, daß Sie sich den Kopf zerbrechen, um theoretische Zusammenhänge zwischen einer Karte und einer anderen zu finden.

Jede Karte hat ihre bestimmten Merkmale, aber sie liefert nicht für sich allein eine Voraussage. Nur in Verbindung mit der Karte, die sie begleitet, bekommt sie eine Bedeutung, vermittelt sie eine Botschaft. Die Auslegung des Spiels ist nichts anderes als das Ablesen der aufeinanderfolgenden Botschaften, die zusammengenommen die Voraussage ergeben.

Nach meiner Methode kann jeder diese Voraussage ablesen.

Es werden einige Spiele mit einfachen Regeln erklärt. Sie brauchen nur auszuwählen und in der Übersicht im zweiten Teil des Buches nachzuschlagen, um die Bedeutung jeder einzelnen Karte im Zusammenhang mit einer anderen zu erfahren.

Alle denkbaren Verbindungen werden durchgespielt und so klar und einfach wie möglich erklärt.

Indem Sie die Voraussagen genau abwägen, können Sie

sie auf ein individuelles Leben beziehen, die Abfolge der künftigen Ereignisse, die daraus folgenden Konsequenzen und die entsprechende Einstellung dazu herauslesen.

Sie dürfen nie vergessen, daß man durch seine Vergangenheit in gewisser Weise für seine Zukunft verantwortlich ist und daß jeder spontane Eingriff eine Voraussage verändern kann.

Die Karten kündigen das künftige Ereignis an, das sich aus der unmittelbaren Gegenwart ergibt; das erlaubt ein energisches, umsichtiges Eingreifen, um irgendwelche Enttäuschungen zu vermeiden, und es schärft andererseits die Aufmerksamkeit bei einer guten Vorhersage, um dann auf das richtige Pferd zu setzen.

Ein aufmerksamer Mensch entdeckt sicher mehrere positive Vorhersagen!

Und jetzt zu den Karten.

Einige Ratschläge vorab

Es ist ratsam, die Karten an dem Wochentag zu legen, an dem man geboren ist, also am Montag, wenn der Ratsuchende an einem Montag geboren ist, am Dienstag, wenn der Geburtstag an einem Dienstag war usw.

Der Freitag ist für jeden ein guter Tag zum Kartenlegen.

Sie brauchen ein normales Spiel mit 32 Karten, vom As bis runter zur Sieben.

Wenn Sie die Karten für einen Mann legen, ist er der Ratsuchende und wird nach unserer Methode als ER bezeichnet.

Wenn Sie die Karten für eine Frau legen, ist sie die Ratsuchende und wird nach unserer Methode als SIE bezeichnet.

SIE und ER, das sind bei mir Kreuz-Dame und Kreuz-König, ganz gleich, ob sie blond oder dunkel, jung oder schon etwas älter sind. Das ist nur eine Festlegung, die die Dinge vereinfacht, sie verändert die Vorhersagen überhaupt nicht.

Für SIE ist ER der Lebensgefährte oder einfach der Gesprächspartner in der Sache, die sie beschäftigt.

ER hat SIE genauso zur Partnerin.

Bei einem Spiel, das IHN oder SIE sehr persönlich betrifft, muß die Karte, die zu ihm oder ihr gehört, gezogen werden, also:

Kreuz-Dame für SIE;
Kreuz-König für IHN.

Werden diese beiden Karten nicht gezogen, kann man sich auch mit den folgenden zufriedengeben:

Herz-As für DAS HAUS
oder Kreuz-Sieben für DIE GEDANKENWELT.

Wird keine dieser Karten gezogen, darf man das Spiel von vorn beginnen. Aber nicht öfter als dreimal. Danach sollte man lieber zu einem anderen Spiel übergehen und erst später zum ersten zurückkehren.

Wenn keine der drei Karten, die für die Ratsuchende oder den Ratsuchenden stehen können, bei mehreren Wiederholungen gezogen wird, dann deutet das darauf hin, daß bei IHR oder IHM vorübergehend eine Störung vorliegt, die zu Unordnung in den Gedanken und einem Mangel an Konzentration führt.

In dem Fall sollten Sie selbst versuchen, unterhaltsam zu sein oder beruhigend zu wirken, damit ER oder SIE sich entspannt.

Charakterzüge der Farben

Man schreibt den Farben eine allgemeine Bedeutung zu.

Das KREUZ arbeitet. Es weist auf die augenblickliche Lage, die Aktivitäten, das Geld hin.

Das HERZ ist gefühlsbeladen. Es steht für Liebe, Freundschaft, das Haus.

Das KARO ist rastlos. Es steht für Bewegung, Neues, Veränderungen, Reise und Reaktionen.

Was das PIK angeht, so beunruhigt es immer, oft aber zu unrecht. Um es richtig zu beschreiben, muß man sagen, daß es doppeldeutig ist. Es deutet auf einen Schicksalsschlag oder einen Glücksfall hin, auf ein frohes Ereignis oder auf Ärger oder einfach auf die Nacht.

Eine große Zahl von Karten aus derselben Farbe weist auf die künftigen Ereignisse im Leben des Menschen hin, der die Karten befragt.

Bei vielen Kreuzen gehören die Ereignisse in den beruflichen Bereich, bei vielen Herzen in den Gefühlsbereich. Viele Karokarten deuten eine wichtige Veränderung an, viele Pikkarten ein wichtiges Ereignis.

Die Bedeutung jeder einzelnen Karte

Kreuz-As	Vollkommener Erfolg, Triumph
Kreuz-König	Der Ratsuchende; Lebensgefährte oder Partner in der Angelegenheit
Kreuz-Dame	Die Ratsuchende; Lebensgefährtin oder Partnerin in der Angelegenheit
Kreuz-Bube	Liebenswürdiger, geschickter Junggeselle; Oberflächlichkeit
Kreuz-Zehn	Das große Geld; Zufall
Kreuz-Neun	Die augenblickliche Lage; Arbeit; gesteigerte Aktivität
Kreuz-Acht	Junges Mädchen; Geschenk; Heirat; Verbindung; Erfolg
Kreuz-Sieben	Gedanken; Verführung; künstlerische Gaben; Karte der Sinne
Herz-As	Haus; Familie; Eltern
Herz-König	Der Liebende; der aufmerksame Mann
Herz-Dame	Die Liebende; die aufmerksame Frau
Herz-Bube	Charmanter, hilfsbereiter junger Mann; Ideal und Vorstellungsvermögen
Herz-Zehn	Einladung; Reise; Zusammentreffen; Fest; große Freude
Herz-Neun	Liebe
Herz-Acht	Junges Mädchen; langersehnter Erfolg in einer bestimmten Angelegenheit; Liebeserklärung
Herz-Sieben	Freundschaft; Pläne; Besuch

Karo-As	Brief oder Neuigkeit
Karo-König	Ein Reisender; Fremder; Unbekannter; Soldat
Karo-Dame	Geschwätzige, boshafte, leichtlebige Frau; die Unrechtmäßigkeit
Karo-Bube	Briefträger; Vermittler; die List
Karo-Zehn	Reisepläne; Ortswechsel
Karo-Neun	Verzögerung; Verlust; Bruch
Karo-Acht	Verhandlungen; aktives Vorgehen
Karo-Sieben	Wut; Konflikt; Enttäuschung
Pik-As	Glücksfall; Vorschlag; Vertrag; Unterschrift; Übereinstimmung
Pik-König	Einflußreicher Mann; Arzt; Jurist; Beamter
Pik-Dame	Alleinstehende Frau; Witwe; Verlassene; die Einsamkeit
Pik-Bube	Spion; Verräter; die Zwietracht
Pik-Zehn	Ereignis, das sich im Dunkeln vorbereitet; Geheimnis; der Abend
Pik-Neun	Das Unvorhersehbare; Erfolg; Schicksalsschlag
Pik-Acht	Tränen; Krankheit; Trauer
Pik-Sieben	Sicherheit; Langeweile; Langsamkeit

Daran muß man denken

Wenn bei einem Spiel vier Karten mit dem gleichen Zeichen gezogen werden, weist man ihnen eine bestimmte Bedeutung zu.

Die 4 Asse	Großer Erfolg; sehr großer Glücksfall
Die 4 Könige	Schutz
Die 4 Damen	Zwietracht, Klatschsucht
Die 4 Buben	Gespräche
Die 4 Zehnen	Große Veränderung im Leben
Die 4 Neunen	Das Gleichgewicht
Die 4 Achten	Heirat; Übereinstimmung
Die 4 Sieben	Schwangerschaft

Bestimmte Karten können auf dem Kopf stehen. Diese Position läßt die Nachricht von geringerer Bedeutung werden.

Kreuz-As	Die Voraussage verzögert sich
Kreuz-Neun	Die Voraussage ist weniger wichtig
Kreuz-Sieben	Die Voraussage ist nur von oberflächlicher Bedeutung
Herz-As	Die Voraussage tritt unter einigen Schwierigkeiten ein
Herz-Neun	Die Voraussage ist nicht ganz zufriedenstellend
Herz-Sieben	Es gibt einige vorübergehende Schwierigkeiten bei der Voraussage
Karo-Sieben	Die Voraussage ist unwichtig
Pik-As	Die Voraussage verzögert sich
Pik-Neun	Die Voraussage ist weniger wichtig
Pik-Sieben	Die Voraussage verändert sich durch Nachlässigkeit oder Ärger.

Wie man Karten legt

Es gibt viele Arten, Karten zu legen, und innerhalb von kurzer Zeit können Sie eine neue erfinden.

Ich zeige Ihnen hier die einfachsten und aussagefähigsten auf: Das Spiel mit dem Abheben, das Spiel mit dem Vornamen, den Schwarzen Peter, die Kette mit den 13 Karten und mit den 21, den Kreis und das Andreaskreuz.

Vor allem müssen die Karten immer sorgfältig und verdeckt gemischt werden und von IHR oder von IHM mit der linken Hand abgehoben werden (der Stapel wird in zwei Teile geteilt).

Die beiden Stapel, die dabei entstehen, werden umgedreht. Zwei Karten werden sichtbar.

Man deutet die linke und die rechte obenaufliegende Karte. Bei bestimmten Spielen ist es nicht notwendig, die oberen Karten auszudeuten.

Bei allen Spielen, außer beim ersten, müssen die Karten dann wieder aufgenommen und die beiden Stapel wieder zusammengebracht werden, wie sie abgehoben wurden, d. h., der Stapel, der beim Abheben unten war, kommt jetzt nach oben.

Vergessen Sie nicht: Die Karten sind beim Spiel immer verdeckt (d. h. das Bild weist auf die Tischplatte).

Im allgemeinen liest man die Karten von links nach rechts ab. Ausnahme ist der Schwarze Peter (Spielregeln s. Seite 23).

Will man eine Zusatzinformation erhalten, gibt es die Möglichkeit, noch einmal zu ziehen, das heißt, man legt eine weitere gezogene Karte zu den Karten, die besonders interessieren.

Wohlgemerkt, die zuerst ausgelegte Karte bestimmt die Bedeutung der neu ausgelegten Karten.

Das Spiel mit dem Abheben

Dies ist ein ganz einfaches Spiel. Machen wir es für IHN.

Karten gut mischen, IHN abheben lassen.

Die beiden umgedrehten Stapel zeigen: Kreuz-As und Kreuz-Zehn. Sehen wir nach, was das bedeutet. Wunderbar! Das ist das Glücksrad (Seite 47).

Die Karten beim Abheben deuten die allgemeine Tendenz an oder weisen auf ein bestimmtes Ereignis hin.

Man kann ihm also schon sagen, daß eine Zeit der guten Aussichten bevorsteht oder daß es in allen Geldangelegenheiten positiv aussieht.

Man legt Kreuz-As und die Zehn nebeneinander, zieht von jedem Stapel fünf weitere Karten und legt sie unter die beiden ersten.

Wir haben jetzt sechs Gruppen mit je zwei Karten vor uns.

Wie die erste Gruppe (nach dem Abheben) die allgemeine Tendenz anzeigt, kann die letzte als Schlußfolgerung aus dem Spiel betrachtet werden.

Betrachten wir jetzt die Karten (Seite 18): ER wurde gezogen (Kreuz-König) ebenso wie SEIN HAUS (Herz-As) und SEINE GEDANKENWELT (Kreuz-Sieben).

Kreuz-As
Kreuz-Zehn:
Das Glücksrad (Seite 47)

Herz-Sieben
Kreuz-Neun:
Berufliche Pläne (Seite 77)

Karo-As
Kreuz-König:
Ein Brief für IHN (Seite 79)

Karo-König
Herz-Zehn:
Einladung eines Fremden (Seite 81)

Herz-As (auf dem Kopf stehend)
Karo-Neun:
Eine Abwesenheit von kurzer Dauer (Seite 63)

Kreuz-Acht
Kreuz-Sieben:
Erfolg für das Unternehmen (Seite 59)

Die Voraussage:

Wie das Abheben zeigt, wird ER eine Zeit voller guter Chancen vor sich haben oder sehr viel Geld. Man kann voraussagen, daß ER einen beruflichen Plan in die Tat umsetzen kann. In dieser Angelegenheit wird ER einen Brief von einem Unbekannten erhalten, der IHN zu sich einlädt. ER wird diese Reise, die nicht lange dauern wird, machen.

Diese Angelegenheit ist positiv, denn die beiden letzten Karten lassen auf einen Erfolg des Unternehmens schließen.

Sie sehen, daß das Herz-As auf dem Kopf steht, man kann also hinzufügen, daß es auf dieser Reise einige Schwierigkeiten geben wird.

Und ich wette – ER wird sagen, daß er nicht gern von zu Hause fort ist, daß er Angst vor dem Fliegen hat oder daß er im Augenblick sehr viel zu tun hat.

Das Spiel mit dem Vornamen

Machen wir das Spiel für SIE.

Man mischt die Karten. SIE hebt ab. Die abgehobenen Karten brauchen nicht gedeutet zu werden.

Man legt die Karten wieder zusammen, verteilt sie alle vor ihr – verdeckt, versteht sich.

Sie wählt nach Belieben so viele Karten wie ihr Vorname Buchstaben hat. SIE heißt KARIN. SIE zieht also fünf Karten, die nacheinander als Kolonne untereinander ausgelegt werden.

Dann zieht sie noch einmal dieselbe Anzahl von Karten, die rechts neben die erste Kolonne gelegt werden.

So kommt man zu fünf Gruppen mit je zwei Karten.

Sie werden umgedreht, und man erläutert ihre Bedeutung.

Die Karten, die für KARIN gezogen wurden, finden Sie auf Seite 21).

Man kann ihr sagen, daß SIE einen Mann kennenlernen wird, der anders ist als die, mit denen sie normalerweise zusammenkommt, daß er ein Ausländer ist oder aus einer anderen Umgebung stammt. Das wird für SIE sehr erfreulich sein, aber SIE muß aufpassen: Er ist ein Betrüger. SIE wird Ärger mit ihm bekommen, sogar bis zu dem Punkt, daß SIE nicht mehr weiß, wo ihr der Kopf steht. Da gibt es nur eine Lösung: die Flucht. Denn was auch immer SIE tut, nichts wird so eintreten wie erwartet.

Bei dem Spiel wurde nur die Kreuz-Sieben, IHRE GEDANKENWELT, gezogen, und diese Karte steht auch noch auf dem Kopf. Zwei mildernde Umstände. Dadurch hinterlassen

Herz-König
Karo-König:
Ein Mann aus einem anderen Ort oder einer anderen Umgebung

Kreuz-Bube
Herz-Dame:
Angenehme Eroberung

Pik-Bube
Karo-Bube:
Ein Betrüger

Karo-Acht
Pik-Neun:
Der Irrgarten: Suchen Sie intensiv nach dem Ausgang

Kreuz-Sieben (auf dem Kopf stehend)
Pik-Acht:
Nichts tritt ein, wie Sie es erwarten

die Ereignisse letzten Endes keinen tiefgreifenden Eindruck bei IHR. SIE zieht sich sehr gut aus der Affäre.

Man kann dieses Spiel auch für eine abwesende Person spielen, man zieht einfach so viele Karten wie der Vorname der betreffenden Person Buchstaben hat und geht dann auf dieselbe Weise vor.

Der Schwarze Peter

Ein sehr aussagefähiges Spiel, das man oft machen kann.

Der Schwarze Peter wird durch den Pik-Buben symbolisiert, der dadurch seine eigentliche Bedeutung verliert. Eine Extraseite ist dem Schwarzen Peter gewidmet. Er kündigt an, was schnell eintreten wird. Siehe Seite 102/103.

Man mischt die Karten und hebt ab. Die aufgedeckten Karten werden gedeutet. Man nimmt das komplette Spiel in die Hand und zieht immer zwei Karten, die umgedreht werden.

Nun betrachtet man die Gruppen, in denen eine von diesen Karten vorkommt:

SIE oder ER: Kreuz-Dame oder -König
DAS HAUS: Herz-As
DIE GEDANKENWELT: Kreuz-Sieben
Die Aktivität: Kreuz-Neun
Der Schwarze Peter: Pik-Bube

Manchmal werden zwei dieser Karten gemeinsam gezogen. Dadurch kommen weniger Karten ins Spiel, aber das ist nicht von Bedeutung.

Die genannten Karten sind die fünf, die die Deutung in ihrer Gruppe bestimmen, ganz gleich, ob sie rechts oder links in ihrer Gruppe liegen.

Machen wir das Spiel für SIE.

Beim Abheben kommen Herz-Neun und Karo-Dame zum Vorschein: Eifersucht, Streit ohne Folgen.

Die Gruppe der Karten, die von Bedeutung sind, finden Sie auf Seite 24.

Kreuz-Dame (für SIE)
Herz-Sieben:
Ein Plan

Schwarzer Peter
Karo-Neun:
Eine Verzögerung

Kreuz-Sieben
(IHRE GEDANKENWELT)
Pik-Neun:
Eine Erfahrung

Herz-As (IHR HAUS)
Kreuz-Zehn:
Geld zum täglichen Leben

Kreuz-Neun (für die Aktivität)
Pik-As:
Ein Angebot zum Arbeiten

Versuchen wir, noch mehr zu erfahren.

Die verbliebenen Karten werden gemischt, SIE hebt ab, und die Karten werden ausgelegt.

Man dreht sie herum. Das Ergebnis in unserem Beispiel ist auf den Seiten 26/27 abgebildet.

Nun können wir unsere Schlußfolgerungen ziehen:

SIE diskutiert einen Plan ernsthaft mit einer jüngeren Freundin.

Der Mann, den SIE liebt, geht fort. Seine Rückkehr verzögert sich. SIE leidet darunter.

SIE hat Angst, zu einem Treffen zu gehen, bei dem SIE sich dann auch sehr unwohl fühlen wird. Raten wir IHR, sich doch einen Ruck zu geben – das wird nur zu IHREM Guten sein.

Das Haushaltsgeld ist ein wenig knapp, wann wieder Geld hereinkommt, ist nicht sicher. Eine alleinstehende Dame (Verwandte oder Freundin) wird IHR Geld leihen.

Und im übrigen soll SIE sich nicht beunruhigen. In einem Brief wird IHR Arbeit angeboten, und dann muß SIE reisen.

Wie schon gesagt – daran muß man denken:

In diesem Spiel sind die vier Neunen. Ein Zeichen von Ausgeglichenheit.

Auch die vier Zehnen sind da. In den Lebensumständen wird ein großer Wechsel stattfinden.

Wenn man jetzt einige Punkte des Spiels noch mehr erhellen möchte, kann man noch eine Karte zusätzlich zu vier

Zur Erinnerung:

Herz-Sieben *Kreuz-Acht:* Eine junge Freundin;	ein Plan;	*Kreuz-Dame* *Pik-König* ernsthafte Gespräche
Schwarzer Peter *Herz-Neun:* Verliebt;	eine Verzögerung;	*Karo-Neun* *Karo-König* Sie leiden unter einer Abwesenheit
Kreuz-Sieben *Pik-Zehn:* Ein Ereignis ist gut für Sie;	eine Erfahrung;	*Pik-Neun* *Herz-Zehn* ein Treffen, bei dem Sie sich nicht wohl fühlen
Kreuz-Zehn *Pik-Dame:* Geliehenes Geld von alleinstehender Dame;	Geld zum täglichen Leben;	*Herz-As* *Karo-Acht* eine Zeit der Unsicherheit
Kreuz-Neun *Karo-Zehn:* Arbeit oder Aktivität, wobei gereist wird;	Angebot zum Arbeiten;	*Pik-As* *Karo-Bube* brieflicher Vorschlag

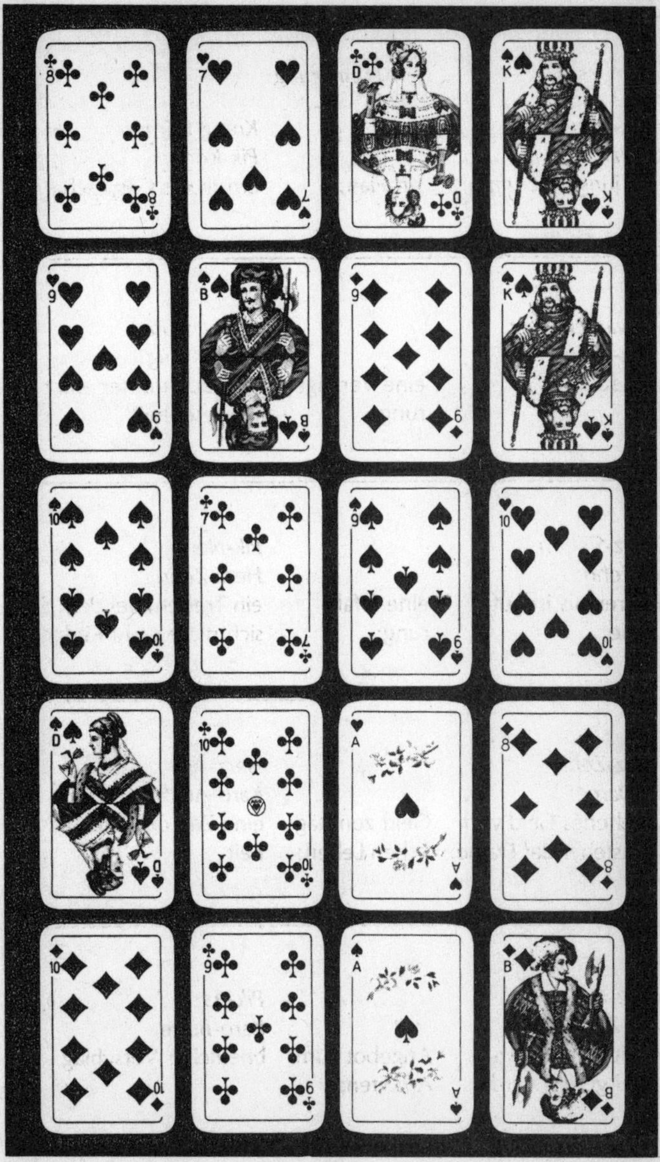

Karten auslegen, die noch geheimnisvoll sind. Aber bald nicht mehr!

Zum Beispiel: SIE beschließt, der Herz-Neun eine zusätzliche Karte beizugeben, weil SIE mehr über die Liebe wissen will. Man dreht die gezogene Karte um: Es ist der Herz-König. Also kann man IHR sagen, daß SIE eine Liebe erleben wird, die auf Gegenseitigkeit beruht und glücklich ist.

Die Kette mit 13 Karten

Die Zahl 13 ist nicht unheilvoller als andere, aber wenn Sie das nicht glauben wollen, ziehen Sie 15 Karten. Das verändert den Spielablauf nicht.

Man mischt die Karten und läßt abheben. Die abgehobenen Karten werden gedeutet. Dann werden die Karten wieder aufgenommen und verdeckt ausgelegt.

Man zieht 13 beliebige Karten, die von links nach rechts nacheinander zu einem Halbkreis ausgelegt und aufgedeckt werden.

Herausgesucht wird die Karte, die SIE oder IHN symbolisiert, also Kreuz-Dame oder -König. Ist die nicht vorhanden, nimmt man DAS HAUS, also Herz-As, oder DIE GEDANKENWELT, also Kreuz-Sieben.

Ausgehend von dieser Karte (die für die Ratsuchende oder den Ratsuchenden steht), zählt man von links nach rechts eins, zwei, drei, vier, fünf Karten ab. Die erste wird im Zusammenhang mit der fünften gedeutet. Dann fängt man mit der fünften an, zählt eins, zwei, drei, vier, fünf Karten ab und erläutert die Bedeutung der fünften mit der zuletzt abgezählten (es ist die neunte). Man fängt wieder mit der letzten Karte an, zählt, eins, zwei, drei, vier, fünf ab, bis man schließlich wieder auf die Karte trifft, die die Ratsuchende oder den Ratsuchenden darstellt. Damit ist die Kette beendet.

Ich rate Ihnen, anfangs die Bedeutungen der Zweiergruppen der Karten auf einem Blatt Papier zu notieren, damit Sie sie im Verlauf des Spiels nicht vergessen und Ihre Voraussagen besser formulieren können.

Herz-As – Karo-Bube:
Der Briefträger

Karo-Bube – Kreuz-Dame:
Ein Brief von IHR

Kreuz-Dame – Karo-As:
Eine neue Verbindung

Karo-As – Herz-Neun:
Neue Interessen in Liebesangelegenheiten

Herz-Neun – Kreuz-Neun:
Beruflich große Zufriedenheit

Kreuz-Neun – Karo-Zehn:
Beruf, bei dem man reist

Karo-Zehn – Kreuz-As:
Wohltuende Veränderung

Kreuz-As – Pik-König:
Alle Probleme mit Gerichten oder Behörden werden gelöst

Pik-König – Karo-Dame:
Eine Frau versucht Sie bei einem Prozeß oder einem Streit zu ärgern

Karo-Dame – Pik-Bube:
Betrug

Pik-Bube – Herz-Zehn:
Konfrontation

Herz-Zehn – Pik-As:
Ein positives Zusammentreffen

Pik-As – Herz-As (auf dem Kopf stehend):
Sehr günstige Aussichten nach einigen Schwierigkeiten

Erklärung und Vervollständigung bestimmter Fragen:

Sie nehmen die erste Karte an jedem Ende des Halbkreises und legen die beiden nebeneinander. Nehmen Sie die nächsten und legen Sie sie nebeneinander unter die ersten beiden usw. bis zu 13, die Sie einzeln unter die letzten beiden legen.

Jede so entstandene Zweiergruppe bestätigt bestimmte Fragen der ersten Voraussage und liefert genauere Angaben und Nuancen.

Die 13. Karte wird doppelt gedeutet. Dabei muß man wissen, daß sie ihre Bedeutung von den beiden darüberliegenden Karten bekommt.

Machen wir dieses Spiel für IHN:

ER nimmt ab. Kreuz-Zehn mit Pik-Acht: Verlust von Geld oder unbedachte Ausgaben.

ER zieht 13 Karten. Ausgehend vom Herz-As, SEINEM HAUS, verfahren wir wie auf Seite 29 beschrieben.

ER bekommt einen Brief von ihr, die ER noch nicht lange kennt und in die ER verliebt ist.

ER wird großen beruflichen Erfolg haben in einem Bereich, in dem viel gereist wird; dieser Erfolg wird durch eine Veränderung hervorgerufen.

Wenn ER Probleme mit Gerichten oder Behörden hat, werden diese bald gelöst. Vielleicht verliert ER nur ein wenig Geld.

Eine Frau versucht IHN zu ärgern oder IHN sogar zu betrügen. Es kommt zu einem Zusammenstoß. Der Ausgang wird positiv für IHN sein.

Nach diesen kurzzeitigen Schwierigkeiten folgt eine Zeit der guten Aussichten, von denen ER profitieren sollte. Die vier Asse bestätigen das.

Versuchen wir mehr herauszufinden, indem wir die Karten nebeneinander legen wie vorher erklärt (s. Seite 33).

Pik-König
Herz-Zehn:
Vorladung

Kreuz-Neun
Karo-Bube:
Unterstützung durch einen in Geschäftsdingen erfahrenen Mann

Kreuz-Dame
Herz-Neun:
Sie ist verliebt

Pik-As
Kreuz-As:
Befriedigende Vertragsunterschrift

Karo-Dame
Pik-Bube:
Ein Betrug

Karo-Zehn
Herz-As:
Ferien im Familienkreis

Karo-As
Karo-Zehn:
Vorbereitung einer Reise

Karo-As
Herz-As:
Ankündigung eines erfreulichen Ereignisses (bei der Familie oder bei Freunden)

Was erfahren wir zusätzlich?
In der Angelegenheit mit dem Gericht oder der Behörde erhält ER eine Vorladung und wird von einem Mann unterstützt, der in Geschäftsdingen sehr erfahren ist.
Diese Frau, die ihm schreibt, ist in IHN verliebt.
ER wird einen Vertrag unterzeichnen, der zu der beruflichen Veränderung führen wird. Der Betrug wird bestätigt.
Bei der Ankündigung eines glücklichen Familienereignisses wird ER eine Reise antreten, um Ferien im Familienkreis zu machen.
Wenn Sie wollen, können Sie noch weitere Karten des Spiels zusätzlich ausdeuten, aber übertreiben Sie nicht!

Die Kette mit 21 Karten

Dieses Spiel läuft genauso ab wie die Kette mit 13 Karten, aber es ist umfangreicher und dauert länger.

Der Kreis

Die Karten gut mischen. Mit der linken Hand abnehmen und auslegen, verdeckt natürlich.

Ziehen Sie 15 Karten, die nacheinander zu einem Kreis ausgelegt werden. Die 16. Karte kommt in die Kreismitte und wird umgedreht.

ER oder SIE wählt eine Karte aus dem Kreis aus und dreht sie um.

Die Karte in der Kreismitte wird im Zusammenhang mit der umgedrehten Karte aus dem Kreis gedeutet.

Man beginnt mit dieser Karte aus dem Kreis, zählt eins, zwei, drei ab, dreht die dritte um und deutet sie im Zusammenhang mit den beiden anderen Karten.

Man beginnt wieder mit der letzten umgedrehten Karte – eins, zwei, drei –, dreht die letzte um und deutet sie im Zusammenhang mit den beiden anderen.

Man beginnt wieder mit der letzten umgedrehten Karte, eins, zwei, drei usw., bis der Kreis ganz aufgedeckt ist.

Machen wir das Spiel für SIE. Es ist nicht notwendig, die beim Abheben aufgedeckten Karten zu deuten.

Für SIE gibt es ein Zusammentreffen, Heirat, Ferien, Geschenke – ein ganzes Glücksprogramm.

Nur eine Enttäuschung in all dieser Freude: Eine Frau, die SIE sehr mag, reagiert böse, indem sie sich als Rivalin erweist und über die Geldangelegenheiten des Paares klatscht.

Was SIE sich seit langem wünscht – ein Haus ganz nach IHREM Geschmack. Eines Abends beginnen sie mit dem Pläneschmieden, und das macht SIE sehr glücklich.

Herz-König – Herz-Neun:
Die Liebe schlägt ein wie ein Blitz

Herz-Neun – Pik-As:
Heiratsantrag

Pik-As – Kreuz-Acht:
Ein Vertrag wird bald unterschrieben

Kreuz-Acht – Herz-Zehn:
Zusammentreffen und Geschenke

Herz-Zehn – Karo-Neun:
Kleine Enttäuschung inmitten großer Freude

Karo-Neun – Herz-Bube:
Eine enttäuschte Hoffnung

Herz-Bube – Herz-Dame:
Große Zuneigung von weiblicher Seite

Herz-Dame – Karo-Dame:
Rivalität unter Frauen

Karo-Dame – Kreuz-Dame:
Man redet schlecht über sie

Kreuz-Dame – Kreuz-König:
Sie und Ihr Lebenspartner

Kreuz-König – Kreuz-Sieben:
IHRE GEDANKENWELT

Kreuz-Sieben – Herz-Acht:
Etwas, das Sie sich schon lange wünschen

Herz-Acht – Pik Zehn:
Ihre Wünsche werden erhört

Pik-Zehn – Herz-As:
Abends am Feuer

Herz-As – Herz-Sieben:
Pläne in bezug auf die Wohnung

Herz-Sieben – Herz-Neun:
Ein Plan, der glücklich macht

Das Andreaskreuz

Die Karten gut mischen, mit der linken Hand abheben und die beiden abgehobenen deuten.

Legen Sie die Karten verdeckt aus und ziehen Sie:

2 Karten für SIE, die man in die Mitte des Spiels legt.

2 Karten für die Liebe. Man legt sie oben links aus.

2 Karten für die allgemeine Aktivität. Man legt sie oben rechts aus.

2 Karten für die Überraschung. Man legt sie unten links aus.

2 Karten für die Synthese des Spiels. Man legt sie unten rechts aus.

Jetzt kommt zu jeder Zweiergruppe eine Zusatzkarte. Sie vervollständigt die Deutung im Zusammenhang mit den beiden anderen Karten.

SIE nimmt ab. Kreuz-As – Kreuz-Acht: Heirat oder eine Verbindung.

SIE zieht die Karten – siehe Seite 40.

Für SIE zeichnet sich eine große wichtige Veränderung ab, die vor allem etwas mit der Liebe zu tun hat.

SIE wird einen jungen Mann wiedertreffen, den sie flüchtig kannte. Und SIE wird mit ihm ausgehen. Das Ganze wird einen sehr guten Ausgang finden (siehe Karten beim Abheben).

Dieser junge Mann ist viel unterwegs, aber er bleibt Ihr treu.

SIE wird überrascht sein, ihre künstlerischen Anlagen anwenden zu können. Eine IHR bekannte alleinstehende Dame wird IHR helfen.

Ein Plan wird in Angriff genommen, der Geld bringt. Sogar viel, aber nicht sofort.

Für SIE	*Karo-Bube – Herz-Neun:* Der Glücksbote *Herz-Bube – Kreuz-As:* Eine Glücksperiode kündigt sich an *Herz-Neun – Kreuz-As:* Große Erfolge in der Liebe
Liebe	*Kreuz-Dame – Herz-Bube:* SIE wird von einem jungen Mann begleitet *Kreuz-Dame – Herz-Zehn:* Eine erfreuliche Einladung für SIE *Herz-Bube – Herz-Zehn:* Ein beiläufiger Flirt nimmt festere Formen an
Aktivitäten	*Kreuz-Zehn – Herz-Sieben:* Ein großer Plan *Kreuz-Zehn – Karo-Neun:* Ausstehendes Geld geht ein *Herz-Sieben – Karo-Neun:* Eine Verzögerung
Überraschung	*Herz-Acht – Kreuz-Sieben:* Möglichkeit, die künstlerischen Fähigkeiten anzuwenden *Herz-Acht – Pik-Dame:* Eine alleinstehende Dame gibt den entscheidenden Anstoß *Kreuz-Sieben – Pik-Dame:* Eine alleinstehende Dame in IHRER GEDANKENWELT
Synthese	*Karo-Zehn – Pik-Sieben:* Ein Wechsel ist sicher *Karo-Zehn – Karo-König:* Ein Mann, der reisen möchte *Pik-Sieben – Karo-König:* Treue eines Reisenden

Übersicht über die Karten

Jede Doppelseite entspricht einer Spielkarte und zeigt alle Bedeutungen auf, die sie in Verbindung mit jeder anderen bekommt.

Denken Sie daran ...

SIE ist die Ratsuchende, die Lebenspartnerin oder einfach die Gesprächspartnerin in der Sache, um die es geht.

ER ist der Ratsuchende, der Lebensgefährte oder der Gesprächspartner in der Sache, um die es geht.

Der Schwarze Peter ist nicht mehr der Pik-Bube. Eine besondere Doppelseite (Seite 102/103) ist ihm gewidmet.

Ein Rat: Seien Sie niemals pessimistisch.

Nebenbei bemerkt: Der körperliche Tod wird manchmal und zu Unrecht der Verbindung von Pik-Neun und Herz-Neun zugeschrieben. Das ist absolut falsch!

Die Verbindung dieser beiden Karten ist in der Tat nicht positiv, sie wird hier »der große Bruch« genannt. Aber ziehen Sie keine voreiligen Schlüsse. Es kann gehen um: eine Unterbrechung der Aktivität, zerbrochene Verbindungen, eine grundsätzliche Veränderung im Leben, eine Scheidung, einen Liebeskummer ... Die Karten, die die beiden Genannten umgeben, sagen es Ihnen genauer. Der »Bruch«, der im Augenblick unangenehm ist, kann eine Erneuerung zur Folge haben und sich ins Positive kehren.

KREUZ-AS

mit

Pik-As	Sie unterzeichnen einen Vertrag oder kommen zu einer befriedigenden Übereinkunft
Pik-König	Alle Probleme mit Gerichten und Behörden werden gelöst
Pik-Dame	Der einsame Erfolg
Pik-Bube	Sie setzen sich gegen jeden Widerstand durch
Pik-Zehn	Die Lage verändert sich zum Vorteil für Sie
Pik-Neun	Wo gehobelt wird, da fallen Späne
Pik-Acht	Bald sind Sie in Bestform
Pik-Sieben	Halten Sie durch, der Erfolg ist sicher

mit

Karo-As	Brief oder Anruf, der einen Erfolg ankündigt
Karo-König	Ein Erfolg ist mit der Fremde verbunden

Karo-Dame	Obwohl die Menschen schlecht sind, werden Sie triumphieren
Karo-Bube	Erfolg
Karo-Zehn	Jede Veränderung ist günstig
Karo-Neun	Der Sieg, aber mit Verzögerung
Karo-Acht	Die Verhandlungen gehen voran
Karo-Sieben	Erfolg dank der Festigkeit Ihrer Persönlichkeit

mit

Herz-As	Erfolg dank der Atmosphäre in der Familie oder dank der Gegenwart von Freunden
Herz-König	Der Geliebte oder der sichere Freund
Herz-Dame	Die Geliebte oder die sichere Freundin
Herz-Bube	Die Gerechtigkeit wird siegen
Herz-Zehn	Eine große Freude
Herz-Neun	Vollkommener Erfolg in der Liebe
Herz-Acht	Ernsthafte Erkältung
Herz-Sieben	Erfolg mit einem Plan

mit

Kreuz-König	Erfolg für IHN oder dank SEINER
Kreuz-Dame	Erfolg für SIE oder dank IHRER
Kreuz-Bube	Ein Erfolg, den man noch festigen muß
Kreuz-Zehn	Das Glücksrad
Kreuz-Neun	Erfolg bei der Arbeit, bei den Geschäften oder bei anderen Unternehmungen
Kreuz-Acht	Ehe oder Verbindung
Kreuz-Sieben	Günstig für jede persönliche Idee, Erfindung oder Einfall

KREUZ-KÖNIG

mit

Pik-As	Ein Vorschlag für IHN, den er Ihnen macht
Pik-König	Ernsthafte Gespräche
Pik-Dame	ER wird von einer Dame begleitet, die älter ist als er
Pik-Bube	ER muß aufpassen, ein Verräter begleitet ihn
Pik-Zehn	Ein unerwartetes Ereignis für IHN, oder er löst es aus
Pik-Neun	Eine Überraschung für IHN
Pik-Acht	ER ist erschöpft
Pik-Sieben	Selbstsicherheit

mit

Karo-As	Neues für IHN oder eine neue Beziehung
Karo-König	ER wird reisen
Karo-Dame	Eine heimtückische Person wird ihn begleiten
Karo-Bube	Brief für IHN oder von IHM

Karo-Zehn	Eine Veränderung für IHN; oder er löst sie aus
Karo-Neun	Ein Hindernis für IHN oder SEINETWEGEN
Karo-Acht	Ereignisse, Treffen für IHN oder in SEINER Nähe
Karo-Sieben	Ärger für IHN oder SEINETWEGEN

mit

Herz-As	Bei IHM zu Hause, oder ein Mann besucht das Haus
Herz-König	ER und sein Freund
Herz-Dame	ER wird von einer freundlichen Dame begleitet
Herz-Bube	ER wird von einem jungen Mann begleitet
Herz-Zehn	Erfreuliche Einladung für IHN oder von IHM
Herz-Neun	ER ist verliebt
Herz-Acht	ER wird von einem jungen Mädchen begleitet
Herz-Sieben	ER hat einen Plan

mit

Kreuz-As	Erfolg für IHN oder dank SEINER
Kreuz-Dame	Sie und Ihr Partner im Leben oder in dieser Angelegenheit
Kreuz-Bube	Eine Verbindung
Kreuz-Zehn	ER hat gute Chancen; oder er fördert Ihre
Kreuz-Neun	Geschäftsmann oder ER und sein Beruf
Kreuz-Acht	Kleiner Gewinn für IHN oder ein Geschenk von IHM
Kreuz-Sieben	SEINE GEDANKENWELT

KREUZ-DAME

mit	
Pik-As	Vorschlag für SIE oder von IHR an Sie
Pik-König	Ernsthafte Gespräche
Pik-Dame	SIE wird von einer Dame begleitet, die älter ist als sie
Pik-Bube	SIE muß aufpassen, ein Verräter begleitet SIE
Pik-Zehn	Ein unerwartetes Ereignis für SIE; oder SIE löst es aus
Pik-Neun	Überraschung für SIE
Pik-Acht	SIE ist erschöpft
Pik-Sieben	Selbstsicherheit
mit	
Karo-As	Neuigkeit für SIE oder eine neue Verbindung
Karo-König	SIE wird reisen
Karo-Dame	Eine heimtückische Person wird SIE begleiten
Karo-Bube	Brief für SIE oder von IHR

Karo-Zehn	Eine Veränderung für SIE oder durch SIE
Karo-Neun	Hindernis für SIE oder IHRETWEGEN
Karo-Acht	Ereignisse, Treffen für SIE oder in IHRER Nähe
Karo-Sieben	Ärger für SIE oder IHRETWEGEN

mit

Herz-As	Bei IHR zu Hause oder eine Frau kommt ins Haus
Herz-König	SIE wird von einem freundlichen Herrn begleitet
Herz-Dame	SIE und ihre Freundin
Herz-Bube	SIE wird von einem jungen Mann begleitet
Herz-Zehn	Erfreuliche Einladung für SIE oder von IHR
Herz-Neun	SIE ist verliebt
Herz-Acht	SIE wird von einem jungen Mädchen begleitet
Herz-Sieben	SIE hat einen Plan

mit

Kreuz-As	Erfolg für SIE oder dank IHRER
Kreuz-König	SIE und IHR Partner im Leben oder in dieser Angelegenheit
Kreuz-Bube	Eine Verbindung
Kreuz-Zehn	SIE hat gute Chancen; oder SIE fördert IHRE
Kreuz-Neun	Geschäftsfrau oder SIE und IHR Beruf
Kreuz-Acht	Kleiner Gewinn für SIE oder ein Geschenk von IHR
Kreuz-Sieben	IHRE GEDANKENWELT

KREUZ-BUBE

mit

Pik-As	Ein junger Mann macht einen Antrag
Pik-König	Ein sehr aufmerksamer junger Mann
Pik-Dame	Ein sehr leidenschaftlicher junger Mann
Pik-Bube	Unerfreuliche Gespräche
Pik-Zehn	Eine unerwartete Reaktion
Pik-Neun	Eine Verbindung voller Überraschungen
Pik-Acht	Krankheit aus diplomatischen Gründen
Pik-Sieben	Erfindungsreicher junger Mann

mit

Karo-As	Neue Verbindung
Karo-König	Beamter oder Soldat
Karo-Dame	Oberflächliche Beziehungen
Karo-Bube	Brief von einem jungen Mann
Karo-Zehn	Studien- oder Kontaktreise

Karo-Neun	Vorübergehende Behinderung
Karo-Acht	Treffen, Gespräche
Karo-Sieben	Streitereien ohne Bedeutung

mit

Herz-As	Ein junger Mann kommt ins Haus
Herz-König	Ein verführerischer Junggeselle
Herz-Dame	Erfreuliche Eroberung
Herz-Bube	Freundschaftliche Gespräche
Herz-Zehn	Vergnügter Abend
Herz-Neun	Ernste Liebe
Herz-Acht	Flirt
Herz-Sieben	Ein junger Freund

mit

Kreuz-As	Vorübergehender Erfolg
Kreuz-König	Berufliches Zusammentreffen
Kreuz-Dame	Diskussion über Geld
Kreuz-Zehn	Geld, das erfreulich verdient und ausgegeben wird
Kreuz-Neun	Geschäfts- oder Berufsverbindungen
Kreuz-Acht	Junges Paar
Kreuz-Sieben	Junger Künstler, Erfinder

KREUZ-ZEHN

mit

Pik-As	Vorteilhafter Vertrag oder Übereinkunft
Pik-König	Schuldforderungen, die dringend erledigt werden müssen
Pik-Dame	Geldverleih einer alleinstehenden Dame
Pik-Bube	Raub, Schwierigkeiten oder Geldverlust
Pik-Zehn	Unerwartetes Geld
Pik-Neun	Unerwartete Ausgaben
Pik-Acht	Großer Geldverlust oder unbedachte Ausgaben
Pik-Sieben	Die Finanzen stabilisieren sich bald

mit

Karo-As	Schnelles Geld
Karo-König	Geld von weit her
Karo-Dame	Streitereien um Geld

Karo-Bube	Geld kommt ins Haus
Karo-Zehn	Geld kommt durch eine Veränderung oder eine Reise
Karo-Neun	Eingang von ausstehendem Geld
Karo-Acht	Unternehmen, um zu Geld zu kommen
Karo-Sieben	Wut wegen Geld

mit

Herz-As	Geld im Haus
Herz-König	Großzügiger Mann
Herz-Dame	Großzügige Frau
Herz-Bube	Geld »beiseite«; Ersparnisse
Herz-Zehn	Essen, bei dem man von Geld redet
Herz-Neun	Glück in der Liebe
Herz-Acht	Sie erhalten das Geld, das Sie brauchen
Herz-Sieben	Ein großer Plan

mit

Kreuz-As	Erfolg in Gelddingen
Kreuz-König	Geld für IHN oder durch IHN
Kreuz-Dame	Geld für SIE oder durch SIE
Kreuz-Bube	Eine Möglichkeit, Geld zu verdienen
Kreuz-Neun	Größeres Einkommen oder Gewinne
Kreuz-Acht	Geldheirat; Verbindung, die etwas einbringt
Kreuz-Sieben	Persönlicher Einsatz, der Ihnen Geld bringt

KREUZ-NEUN

mit

Pik-As	Arbeitsangebot
Pik-König	Mann mit einem freien oder erlernbaren Beruf
Pik-Dame	Eine Dame hat ein Wort zu sagen
Pik-Bube	Berufs- oder Interessenkonflikte
Pik-Zehn	Unerwartetes berufliches Ereignis
Pik-Neun	Störung bei einem beruflichen Plan
Pik-Acht	Unerfreuliche Arbeit oder Aktivität
Pik-Sieben	Arbeit für Broterwerb, aber sicher

mit

Karo-As	Angebot für Arbeit oder Aktivitäten
Karo-König	Lage oder Aktivität, die mit der Fremde verbunden ist
Karo-Dame	Geschwätzige, klatschsüchtige Kollegin

Karo-Bube	Unterstützung durch einen in Geschäftsdingen erfahrenen Mann
Karo-Zehn	Beruf oder Aktivität, wobei gereist wird
Karo-Neun	Frustrierender Beruf oder Aktivität
Karo-Acht	Treffen und Gespräche über die Arbeit (oder Aktivitäten)
Karo-Sieben	Berufs- oder Interessenkonflikt

mit

Herz-As	Ein Familienunternehmen
Herz-König	Mann, der in seinem Beruf (oder seinen Aktivitäten) sehr geschätzt wird
Herz-Dame	Frau, die in ihrem Beruf (oder ihren Aktivitäten) sehr geschätzt wird
Herz-Bube	Arbeit oder Aktivität, die Spaß macht
Herz-Zehn	Angenehmes berufliches Zusammentreffen
Herz-Neun	Arbeit nach Ihrem Geschmack
Herz-Acht	Berufliche Verbindung
Herz-Sieben	Gruppenarbeit

mit

Kreuz-As	Erfolg in der Arbeit, bei den Geschäften oder in den Aktivitäten
Kreuz-König	ER gibt dem Beruflichen Vorrang
Kreuz-Dame	SIE gibt dem Beruflichen Vorrang
Kreuz-Bube	Möglichkeit, die Lage zu verbessern
Kreuz-Zehn	Außergewöhnlicher Geldeingang
Kreuz-Acht	Gehaltserhöhung und Einkünfte
Kreuz-Sieben	Betrifft ein künstlerisches Handwerk oder eine Berufung

KREUZ-ACHT

mit

Pik-As	Nehmen Sie den Vorschlag an, er bringt Sie dahin, wohin Sie wollen
Pik-König	Eine Lage klärt sich
Pik-Dame	Befragen Sie eine kluge Frau
Pik-Bube	Person, die Ihnen die Aufgabe erleichtert
Pik-Zehn	Geduld, Geduld ...
Pik-Neun	Nehmen Sie an unvorhergesehenen Ereignissen teil
Pik-Acht	Auf Regen folgt Sonnenschein
Pik-Sieben	Die Stabilität

mit

Karo-As	Einladung, ein Ereignis zu feiern
Karo-König	Junge Frau, mit der Fremde verbunden
Karo-Dame	Weibliche Gemeinheiten

Karo-Bube	Sie werden ein Geschenk bekommen
Karo-Zehn	Wenn Sie Lust haben, die Ankertaue zu kappen, dann tun Sie es
Karo-Neun	Vorübergehende Verbindung
Karo-Acht	Erfolg bei Untersuchungen oder Unternehmungen
Karo-Sieben	Eine Diskussion ergibt die Lösung

mit

Herz-As	Eine junge Frau kommt ins Haus
Herz-König	Plan einer Verbindung; großes Verständnis
Herz-Dame	Plan einer Verbindung; großes Verständnis
Herz-Bube	Für die Liebenden
Herz-Zehn	Treffen und Geschenke
Herz-Neun	Ernste, konstruktive Liebe
Herz-Acht	Glück und Erfolg
Herz-Sieben	Sie haben alle Möglichkeiten, das in die Tat umzusetzen, was Sie sich wünschen

mit

Kreuz-As	Heirat oder Verbindung
Kreuz-König	Für IHN: Verwirklichung seiner Hoffnungen
Kreuz-Dame	für SIE: Verwirklichung ihrer Hoffnungen
Kreuz-Bube	Finanziell vorteilhafte Verbindung
Kreuz-Zehn	Sie setzen einen guten Plan in die Tat um
Kreuz-Neun	Sehr günstige berufliche Lage oder Aktivität
Kreuz-Sieben	Erfolg bei dem, was Sie unternehmen

KREUZ-SIEBEN

mit

Pik-As	Erhoffte Vorschläge
Pik-König	Eine Verpflichtung oder eine Verbindung
Pik-Dame	Eine alleinstehende Dame für Ihre GEDANKENWELT
Pik-Bube	Ungerechtigkeit, Niedertracht gegen Sie
Pik-Zehn	Ein Ereignis nützt Ihnen
Pik-Neun	Erfahrungen; dunkle Gedanken
Pik-Acht	Nichts tritt so ein, wie Sie es erwartet haben
Pik-Sieben	Vertrauen Sie auf Ihre Tat

mit

Karo-As	Schreiben Sie, telefonieren Sie, machen Sie sich bemerkbar
Karo-König	Sie werden an jemanden denken, der weit fort ist

Karo-Dame	Man will Ihnen übel mitspielen, kümmern Sie sich nicht darum
Karo-Bube	Sie bitten einen Freund einzugreifen
Karo-Zehn	Eine Reise erfüllt Ihre Gedanken
Karo-Neun	Eine Einschränkung oder ein Hindernis
Karo-Acht	In Ihrer GEDANKENWELT, Ereignisse
Karo-Sieben	Enttäuschung

mit

Herz-As	Eine häusliche Zeit
Herz-König	Ein Mann beschäftigt Ihre Gedanken
Herz-Dame	Eine Frau beschäftigt Ihre Gedanken
Herz-Bube	Ihr größter Trumpf wird Ihre Ehrlichkeit sein
Herz-Zehn	Sie empfangen Freunde
Herz-Neun	Die Liebe bestimmt Ihre ganze Erwartung, all Ihre Gedanken
Herz-Acht	Das ist es, was Sie sich schon lange gewünscht hatten
Herz-Sieben	Sie werden viel Gesellschaft haben

mit

Kreuz-As	Vorrang, mit dem Erfolg zu haben, was Sie sich wünschen
Kreuz-König	Man denkt an Sie
Kreuz-Dame	Man denkt an Sie
Kreuz-Bube	Sie gefallen
Kreuz-Zehn	Sie machen einen Gewinn
Kreuz-Neun	Ihre Zukunft beschäftigt Sie
Kreuz-Acht	Sie möchten sich binden

HERZ-AS

mit

Pik-As	Betrifft das Einkommen oder das Vermögen der Familie
Pik-König	Eigentümer, Notar, Finanzmann, einflußreicher Mann
Pik-Dame	Geschiedene Witwe oder die Junggesellin der Familie
Pik-Bube	Familienstreit
Pik-Zehn	Geheimniskrämerei, kleine Verschwörung
Pik-Neun	Unerwartete Reaktion in der Familie oder bei nahestehenden Freunden
Pik-Acht	Das Allerlei, der Alltag, ein wenig Ärger
Pik-Sieben	Zu Hause

mit

Karo-As	Bevorstehende Geburt; glücklicher Ausgang eines Plans

Karo-König	Ein Fremder im Haus
Karo-Dame	Eine Klatschbase in der Familie oder unter den Freunden
Karo-Bube	Der Briefträger
Karo-Zehn	Veränderung in bezug auf die Wohnung
Karo-Neun	Eine Abwesenheit von kurzer Dauer
Karo-Acht	Zeit der Unsicherheit
Karo-Sieben	Haushaltsstreitigkeiten

mit

Herz-König	Ein aufmerksamer Mann der Umgebung
Herz-Dame	Eine aufmerksame Frau der Umgebung
Herz-Bube	Gutes Verstehen, sogar Gemeinsamkeit
Herz-Zehn	Familientreffen
Herz-Neun	Glück im Haus
Herz-Acht	Feier und Geschenke
Herz-Sieben	Pläne in bezug auf die Wohnung

mit

Kreuz-As	Alles läuft gut bei Ihnen und um Sie herum
Kreuz-König	Bei IHM zu Hause oder mit IHM zusammen
Kreuz-Dame	Bei IHR zu Hause oder mit IHR zusammen
Kreuz-Bube	Junger Mann aus der Familie oder aus dem Freundeskreis
Kreuz-Zehn	Geld für das tägliche Leben
Kreuz-Neun	Eine Zeit großer Aktivität bei Ihnen
Kreuz-Acht	Junges Mädchen aus der Familie oder aus dem Freundeskreis
Kreuz-Sieben	Ruhige Zeit der Häuslichkeit

HERZ-KÖNIG

mit

Pik-As	Vorschlag eines wohlmeinenden Herrn
Pik-König	Wichtiges Gespräch zwischen zwei Männern
Pik-Dame	Neue Verbindung für eine alleinstehende Dame
Pik-Bube	Falsches Verhalten eines nahestehenden Mannes
Pik-Zehn	Das Zusammentreffen mit einem Mann verändert Ihr Leben
Pik-Neun	Schwierigkeiten für einen nahestehenden Mann
Pik-Acht	Unbehagen, leichte Krankheit für einen Mann
Pik-Sieben	Ein einfacher, guter Mann

mit

Karo-As	Neue Verbindung bei einem Mann
Karo-König	Ein Mann aus einem anderen Ort oder aus anderer Umgebung

Karo-Dame	Eifersucht
Karo-Bube	Ein Mann, der einen Vermittler einsetzt, um sich auszudrücken
Karo-Zehn	Reisepläne, von einem Mann hervorgerufen
Karo-Neun	Ein Mann geht seiner Verantwortung aus dem Weg
Karo-Acht	Ein vielbeschäftigter Mann
Karo-Sieben	Ein unzufriedener Mann

mit

Herz-As	Elternteil oder sehr nahestehender Mensch
Herz-Dame	Ein sympathisches Paar
Herz-Bube	Ein Mann, der Sie schätzt
Herz-Zehn	Freundschaftliches Gespräch
Herz-Neun	Liebe auf den ersten Blick
Herz-Acht	Annäherung, Versöhnung
Herz-Sieben	Besuch eines Freundes

mit

Kreuz-As	Erfolg eines Mannes
Kreuz-König	Feste Freundschaft
Kreuz-Dame	Ein Mann ist verliebt in SIE
Kreuz-Bube	Ein verführerischer, auf seinen Vorteil bedachter Mann
Kreuz-Zehn	Erwarteter Geldeingang von einem Mann
Kreuz-Neun	Ein Mann, der mit Ihnen arbeitet
Kreuz-Acht	Erfolg in jeder Beziehung
Kreuz-Sieben	Ein Mann, in den Sie Vertrauen haben können

HERZ-DAME

mit

Pik-As	Vorschlag einer wohlmeinenden Dame
Pik-König	Ehefrau eines wichtigen, einflußreichen Mannes
Pik-Dame	Weibliche Verbindung
Pik-Bube	Fehler im Verhalten einer nahestehenden Dame
Pik-Zehn	Das Zusammentreffen mit einer Dame verändert Ihr Leben
Pik-Neun	Schwierigkeiten für eine nahestehende Dame
Pik-Acht	Unbehagen, leichte Krankheit für eine Dame
Pik-Sieben	Eine gute, einfache Frau

mit

Karo-As	Neue weibliche Verbindung
Karo-König	Eine Frau von einem anderen Ort oder aus anderer Umgebung

Karo-Dame	Rivalitäten
Karo-Bube	Eine Frau, die sich durch einen Vermittler ausdrückt
Karo-Zehn	Reisepläne, von einer Dame hervorgerufen
Karo-Neun	Eine Frau geht ihrer Verantwortung aus dem Weg
Karo-Acht	Eine vielbeschäftigte Frau
Karo-Sieben	Eine unzufriedene Frau

mit

Herz-As	Elternteil oder sehr nahestehende Person
Herz-König	Ein sympathisches Paar
Herz-Bube	Anziehungskraft für eine jüngere Person
Herz-Zehn	Freundschaftliches Gespräch
Herz-Neun	Liebe auf den ersten Blick
Herz-Acht	Annäherung, Versöhnung
Herz-Sieben	Besuch einer Freundin

mit

Kreuz-As	Erfolg einer Frau
Kreuz-König	Eine Frau, die in IHN verliebt ist
Kreuz-Dame	Feste Freundschaft
Kreuz-Bube	Oberflächliche Eroberung
Kreuz-Zehn	Erwarteter Geldeingang von einer Dame
Kreuz-Neun	Eine Frau, die mit Ihnen arbeitet
Kreuz-Acht	Erfolg in jeder Beziehung
Kreuz-Sieben	Eine Frau, in die Sie Vertrauen haben können

HERZ-BUBE

mit

Pik-As	Verpflichtung oder Versprechen
Pik-König	Studium oder Lehre werden ins Auge gefaßt
Pik-Dame	Sie haben Nutzen durch weiblichen Schutz
Pik-Bube	Gespräch unter jungen Leuten
Pik-Zehn	Nächtliches Zusammentreffen
Pik-Neun	Schlechter Geschmack
Pik-Acht	Kleiner Kummer oder Sorge
Pik-Sieben	Ergebener, hilfsbereiter Junge

mit

Karo-As	Neuigkeit von einem Kind
Karo-König	Ein Kleinstädter
Karo-Dame	Eine Frau mißbraucht Ihr Vertrauen
Karo-Bube	Freundschaftlicher Brief

Karo-Zehn	Kurze Ferien, Wochenende, Nichtstun
Karo-Neun	Eine Abwesenheit, die Ihnen mißfällt
Karo-Acht	Unternehmungen in bezug auf ein Kind oder einen Jugendlichen
Karo-Sieben	Eine kleine Enttäuschung

mit

Herz-As	Gutes Verstehen
Herz-König	Große Zuneigung von männlicher Seite
Herz-Dame	Große Zuneigung von weiblicher Seite
Herz-Zehn	Oberflächlicher Flirt an einem Abend oder in den Ferien
Herz-Neun	Beginn einer Bindung
Herz-Acht	Man versucht sich Ihnen zu nähern
Herz-Sieben	Ein Freund

mit

Kreuz-As	Erfolg für einen persönlichen Plan
Kreuz-König	Angenehmes Zusammentreffen
Kreuz-Dame	Angenehmes Zusammentreffen
Kreuz-Bube	Zusammentreffen von Freunden
Kreuz-Zehn	Die Großzügigkeit eines Freundes ist sehr willkommen
Kreuz-Neun	Eine angenehme Arbeit oder Aktivität
Kreuz-Acht	Jede Verpflichtung fordert Nachdenken
Kreuz-Sieben	Ein junger Mann beschäftigt Ihre Gedanken

HERZ-ZEHN

mit

Pik-As	Ein positives Zusammentreffen
Pik-König	Versammlung, Konferenz oder Demonstration
Pik-Dame	Ausgehen in Begleitung einer Dame, die allein lebt
Pik-Bube	Meinungsverschiedenheit bei einem Treffen oder einem Essen
Pik-Zehn	Ein Abend, ein unvorhergesehenes Treffen
Pik-Neun	Es gibt bald Ärger
Pik-Acht	Erschöpfung oder Übelkeit während einer Mahlzeit oder beim Ausgehen
Pik-Sieben	Bestätigung einer Einladung oder eines Zusammentreffens

mit

Karo-As	Schriftliche Einladung
Karo-König	Ein Mann, der reist, berichtet von einem Treffen

Karo-Dame	Wenig ernstgemeinte Herzlichkeit einer Dame
Karo-Bube	Einladung durch eine Mittelsperson
Karo-Zehn	Landausflug; kleine erfreuliche Reise
Karo-Neun	Inmitten großer Freude eine kleine Enttäuschung
Karo-Acht	Schwierigkeiten bei einem Treffen
Karo-Sieben	Eine Einladung, die Ihnen mißfällt

mit

Herz-As	Erfreuliches Zusammentreffen bei Ihnen
Herz-König	Ausgehen mit einem angenehmen Mann
Herz-Dame	Ausgehen mit einer angenehmen Dame
Herz-Bube	Fröhliches Treffen mit jungen Leuten
Herz-Neun	Sehr glückliches Zusammentreffen
Herz-Acht	Zeit der Erweiterung und der Freude
Herz-Sieben	Freundschaftliches Treffen

mit

Kreuz-As	Angenehmer Erfolg
Kreuz-König	Gesellschaftliche Veranstaltung für IHN oder mit IHM
Kreuz-Dame	Gesellschaftliche Veranstaltung für SIE oder mit IHR
Kreuz-Bube	Ein Treffen, bei dem über Geld geredet wird
Kreuz-Zehn	Zeit materiellen Wohlstands
Kreuz-Neun	Geschäftsessen
Kreuz-Acht	Was Sie angefangen haben, wird erfolgreich sein
Kreuz-Sieben	Ihr größter Trumpf ist die Verführung

HERZ-NEUN

mit

Pik-As	Heiratsantrag oder liebevolle Übereinstimmung
Pik-König	Legalisierung einer Gefühlsangelegenheit
Pik-Dame	Liebe für eine einsame Dame
Pik-Bube	Betrug im Gefühlsbereich
Pik-Zehn	Diskrete Verbindung
Pik-Neun	Schwere Krankheit, Gefahr von Unfall; Belastung
Pik-Acht	Tränen, Kummer, Sorgen
Pik-Sieben	Feste und ernsthafte Zuneigung

mit

Karo-As	Wieder verliebt
Karo-König	Liebe für einen Mann, der reist

Karo-Dame	Eifersucht und Streit ohne Folgen
Karo-Bube	Der Glücksbote
Karo-Zehn	Veränderung in der Liebe
Karo-Neun	Schwierigkeiten in der Liebe; ein Bruch droht
Karo-Acht	Man versucht Sie mit allen Mitteln zu erobern
Karo-Sieben	Widersprüchliche Liebe

mit

Herz-As	Glück im Haus
Herz-König	Gegenseitige, glückliche Liebe
Herz-Dame	Gegenseitige, glückliche Liebe
Herz-Bube	Beginn einer Verbindung
Herz-Zehn	Treffen
Herz-Acht	Machen Sie den ersten Schritt
Herz-Sieben	Festigung der Gefühle

mit

Kreuz-As	Großer Erfolg in der Liebe
Kreuz-König	Liebe
Kreuz-Dame	Liebe
Kreuz-Bube	Eine bodenständige Liebe
Kreuz-Zehn	Günstig für alle Liebesangelegenheiten
Kreuz-Neun	Große berufliche Zufriedenheit
Kreuz-Acht	Eine überlegte, dauerhafte Liebe
Kreuz-Sieben	Große Sinnenfreude

HERZ-ACHT

mit

Pik-As	Vertragsunterzeichnung, Übereinstimmung
Pik-König	Befriedigender Ausgang eines Streits
Pik-Dame	Eine alleinstehende Dame gibt Anstöße
Pik-Bube	Versöhnung
Pik-Zehn	Ihre Wünsche gehen in Erfüllung
Pik-Neun	Vorübergehender Erfolg
Pik-Acht	Kleine Sorgen
Pik-Sieben	Geduld richtet mehr aus als Gewalt und Zorn

mit

Karo-As	Ankündigung eines Erfolges, der Sie glücklich macht
Karo-König	Ein mit der Fremde verbundener Plan wird günstig beurteilt
Karo-Dame	Eine Versöhnung oder eine Absprache
Karo-Bube	Neuigkeiten von einer jungen Person

Karo-Zehn	Die Veränderung, die Sie sich gewünscht haben, tritt ein
Karo-Neun	Alles scheint gefährdet; machen Sie weiter, Sie werden erfolgreich sein
Karo-Acht	Erfolg nach vielen, langen Diskussionen
Karo-Sieben	Erfolg nach einigen Wutausbrüchen

mit

Herz-As	Großes Verstehen in der Familie
Herz-König	Ein glücklicher Mann
Herz-Dame	Eine glückliche Frau
Herz-Bube	Liebeserklärung
Herz-Zehn	Unternehmen Sie etwas, es ist eine günstige Zeit
Herz-Neun	Im Gefühlsbereich bekommen Sie das, was Sie sich gewünscht haben
Herz-Sieben	Eine Freundin

mit

Kreuz-As	Großer Erfolg für einen jungen Menschen
Kreuz-König	Was ER sich zutiefst wünscht
Kreuz-Dame	Was SIE sich zutiefst wünscht
Kreuz-Bube	Zweifeln Sie nicht an sich selbst, tun Sie etwas
Kreuz-Zehn	Gewinn beim Glücksspiel
Kreuz-Neun	Möglichkeit, berufliche Pläne zu verwirklichen
Kreuz-Acht	Möglichkeit, zu einer erwünschten Verbindung zu kommen
Kreuz-Sieben	Möglichkeit, Ihre künstlerischen Talente einzusetzen

HERZ-SIEBEN

mit

Pik-As	Das Glück wendet sich zu Ihren Gunsten
Pik-König	Ein Freund, der ein einflußreicher Mann ist
Pik-Dame	Besuch einer einzelnen Dame
Pik-Bube	Schlechter Besuch; unheilvolle Freundschaft
Pik-Zehn	Zeit der Unsicherheit
Pik-Neun	Unerfreuliches Zusammentreffen
Pik-Acht	Enttäuschung in der Freundschaft
Pik-Sieben	Eine sichere Freundschaft

mit

Karo-As	Eine neue Verbindung
Karo-König	Ein weitentfernter Freund
Karo-Dame	Eine wenig sichere Freundin

Karo-Bube	Freundschaftlicher Brief
Karo-Zehn	Reisepläne
Karo-Neun	Eine Verzögerung oder ein verpaßtes Treffen
Karo-Acht	Unternehmungen sind möglich
Karo-Sieben	Widersprüchlicher Plan

mit

Herz-As	Pläne in der Familie oder im engen Freundeskreis
Herz-König	Besuch eines engen Freundes oder eines Liebhabers
Herz-Dame	Besuch einer engen Freundin oder einer Geliebten
Herz-Bube	Angenehmes Leben
Herz-Zehn	Treffen mit Freunden
Herz-Neun	Ein Plan, der glücklich macht
Herz-Acht	Freundschaft und Liebe

mit

Kreuz-As	Ein Plan wird ausgeführt
Kreuz-König	Ein Besuch für IHN; oder Sie besuchen IHN
Kreuz-Dame	Ein Besuch für SIE; oder Sie besuchen SIE
Kreuz-Bube	Ein junger Freund
Kreuz-Zehn	Ein finanziell interessanter Plan
Kreuz-Neun	Beruflicher Plan
Kreuz-Acht	Eine junge Freundin
Kreuz-Sieben	Ein erwarteter Besuch

KARO-AS

mit

Pik-As	Mündlicher oder telefonischer Vorschlag
Pik-König	Behördliche Schreiben
Pik-Dame	Neuigkeit von einer alleinstehenden Dame
Pik-Bube	Falsche Neuigkeit, regen Sie sich nicht auf
Pik-Zehn	Ein Bote, der lange braucht, bis er kommt
Pik-Neun	Überraschende Nachricht
Pik-Acht	Traurige Nachricht
Pik-Sieben	Sehr bald

mit

Karo-König	Neuigkeit von einem Fremden, Reisenden oder Soldaten
Karo-Dame	Boshaftigkeit per Brief
Karo-Bube	Ein Brief, der schnell kommt

Karo-Zehn	Neuigkeit in bezug auf eine Reise oder deren Vorbereitung
Karo-Neun	Verzögerte oder verlorene Nachricht
Karo-Acht	Langdauernder Briefwechsel
Karo-Sieben	Unangenehme Nachricht

mit

Herz-As	Ankündigung eines freudigen Ereignisses, das die Familie oder nahestehende Freunde angeht
Herz-König	Brief von einem Mann
Herz-Dame	Brief von einer Frau
Herz-Bube	Meinungswechsel oder Verbindung mit einer neuen Angelegenheit
Herz-Zehn	Neue Verbindungen
Herz-Neun	Neues Interesse in der Liebe
Herz-Acht	Man spricht wieder über einen alten Plan
Herz-Sieben	Neue Freundschaft

mit

Kreuz-As	Der Erfolg kommt schnell
Kreuz-König	Brief für IHN oder von IHM
Kreuz-Dame	Brief für SIE oder von IHR
Kreuz-Bube	Einführungsbrief
Kreuz-Zehn	Neues Einkommen
Kreuz-Neun	Neue Arbeit oder Aktivität
Kreuz-Acht	Möglichkeit, sich finanziell zu verbessern
Kreuz-Sieben	Neue Ziele und Anfänge für Sie

KARO-KÖNIG

mit

Pik-As	Erbschaft; Gewinn, der woanders herkommt
Pik-König	Fremde offizielle oder einflußreiche Person
Pik-Dame	Vorübergehende Trennung
Pik-Bube	Eine erstaunliche Person geht fort
Pik-Zehn	Ein geheimnisumwitterter Mann
Pik-Neun	Ein Ereignis im Ausland überrascht Sie
Pik-Acht	Ein weit entferntes Ereignis beunruhigt Sie
Pik-Sieben	Ortsveränderung oder Reise ist sicher

mit

Karo-As	Neuigkeit von einem Reisenden
Karo-Dame	Paar aus einem anderen Ort oder einer anderen Umgebung
Karo-Bube	Gerissener Geschäftsmann (oder Beamter); Achtung!

Karo-Zehn	Reise über die Grenze
Karo-Neun	Ein Reisender oder ein weit entfernter Mensch fehlt Ihnen
Karo-Acht	Keine Unternehmungen, die mit dem Ausland in Verbindung stehen
Karo-Sieben	Das Fehlen neuer Nachrichten ärgert Sie

mit

Herz-As	Außerhalb Ihres Hauses oder weit entfernt von Ihnen
Herz-König	Ein Mann, der reist
Herz-Dame	Vorübergehende Trennung eines Paares
Herz-Bube	Ein Mann, der eine weit entfernte oder militärische Sache verteidigt
Herz-Zehn	Einladung von einem Fremden
Herz-Neun	Aus den Augen, aber nicht aus dem Herzen
Herz-Acht	Eine junge Frau, die reist, oder eine Fremde
Herz-Sieben	Ein Freund geht auf Reisen

mit

Kreuz-As	Gute Reise für einen Mann
Kreuz-König	ER wird reisen
Kreuz-Dame	SIE erwartet jemanden, der abwesend ist
Kreuz-Bube	Diplomatische Reise eines Mannes
Kreuz-Zehn	Fremdes Geld
Kreuz-Neun	Verbindung, Austausch, Arbeit, Aktivität mit dem Fremden
Kreuz-Acht	Geschenk aus der Fremde
Kreuz-Sieben	Ein Reisender denkt an Sie

KARO-DAME

mit

Pik-As	Vorschlag, der sich gegen Ihre Interessen richtet
Pik-König	Unrechtmäßige Situation
Pik-Dame	Bösartige Frau, die allein lebt
Pik-Bube	Verrat
Pik-Zehn	Verschwörung
Pik-Neun	Es kommt zur Rache
Pik-Acht	Man fügt Ihnen Schmerz zu
Pik-Sieben	Mißgunst

mit

Karo-As	Verlogene Botschaft
Karo-König	Unausgeglichene Person
Karo-Bube	Übertreibung, nichts weiter
Karo-Zehn	Sie laufen weit weg vor jemandem, der Ihnen Böses will

Karo-Neun	Abbruch der Verbindung mit einer schwatzhaften Person
Karo-Acht	Widersprüche aller Art, Mißgeschick
Karo-Sieben	Berechtigte Wut

mit

Herz-As	Bei Ihnen oder in Ihrer Umgebung eine böse Frau
Herz-König	Man versucht, einen Mann in Ihren Augen herabzusetzen, dem Sie nahestehen
Herz-Dame	Unangenehme Rivalität
Herz-Bube	Boshafte Vorschläge ärgern Sie
Herz-Zehn	Unangenehmes Zusammentreffen
Herz-Neun	Klatsch über Ihre Liebschaften
Herz-Acht	Widersprüchlicher Wunsch
Herz-Sieben	Eine eifersüchtige Freundin

mit

Kreuz-As	Obwohl die Menschen schlecht sind, siegen Sie
Kreuz-König	Üble Nachrede gegen IHN
Kreuz-Dame	Üble Nachrede gegen SIE
Kreuz-Bube	SIE weiß sich durchzusetzen, aber immer auf Kosten anderer
Kreuz-Zehn	Interessierte Dame, sogar bestechlich
Kreuz-Neun	Eine Frau versucht, Ihren Interessen oder Ihrem Beruf zu schaden
Kreuz-Acht	Ihre Gutgläubigkeit wird anerkannt
Kreuz-Sieben	Man bringt Ihre Vertraulichkeit unter die Leute; seien Sie diskret

KARO-BUBE

mit

Pik-As	Schneller Vorschlag
Pik-König	Unterredung mit einer einflußreichen Person
Pik-Dame	Zeit der Erwartung
Pik-Bube	Wenig zuverlässiger Vermittler
Pik-Zehn	Sie werden vor eine vollendete Tatsache gestellt
Pik-Neun	Eine Überraschung
Pik-Acht	Ein Schock
Pik-Sieben	Vertrauen Sie auf die Zukunft

mit

Karo-As	Wichtige Neuigkeit, die schnell ankommt
Karo-König	Neuigkeit aus der Fremde
Karo-Dame	Gerissene, geschwätzige Frau
Karo-Zehn	Man schlägt Ihnen eine vorübergehende Veränderung vor

Karo-Neun	Verzögerung
Karo-Acht	Das Ergebnis verschiedener Untersuchungen und Nachforschungen
Karo-Sieben	Widersprüchliche Neuigkeit

mit

Herz-As	Neuigkeit in Familienangelegenheiten
Herz-König	Neuigkeiten von einem Mann, der Ihnen wichtig ist.
Herz-Dame	Neuigkeiten von einer Frau, die Ihnen wichtig ist
Herz-Bube	Eine neue erfreuliche Verbindung
Herz-Zehn	Einladung
Herz-Neun	Glücksbote
Herz-Acht	Einer Ihrer heimlichen Wünsche geht in Erfüllung
Herz-Sieben	Neue Freundschaft

mit

Kreuz-As	Eine großartige Zeit kündigt sich an
Kreuz-König	Ein Brief für IHN oder von IHM
Kreuz-Dame	Ein Brief für SIE oder von IHR
Kreuz-Bube	Man redet mit Ihnen über Geld
Kreuz-Zehn	Sie bekornmen Geld
Kreuz-Neun	Bald gibt es Arbeit
Kreuz-Acht	Geschenk
Kreuz-Sieben	Eine Neuigkeit, auf die Sie gewartet haben, kommt an

KARO-ZEHN

mit

Pik-As	Eine Reise kommt schnell zustande
Pik-König	Ein Wechsel (Reise, Umzug) wird nötig
Pik-Dame	Reise allein
Pik-Bube	Eine eilige Ortsveränderung findet statt
Pik-Zehn	Zurückweisung, Undank
Pik-Neun	Gefahr von Unfall oder Wechsel, Vorsicht!
Pik-Acht	Ortsveränderung, hervorgerufen durch Sorgen oder eine Krankheit
Pik-Sieben	Eine Veränderung ist sicher

mit

Karo-As	Während einer Ortsveränderung
Karo-König	Ein rastloser Mann
Karo-Dame	Abreise von jemandem, der Sie nicht mag
Karo-Bube	Bald tritt eine Veränderung ein
Karo-Neun	Zurückgestellte Reise
Karo-Acht	Ortswechsel wegen Unternehmungen oder Nachforschungen

Karo-Sieben	Unerfreuliche Veränderung oder Ortswechsel

mit

Herz-As	Familienferien oder Rückkehr in die Heimat
Herz-König	Reise für einen Mann, den Sie lieben (aus der Familie oder von nahestehenden Freunden)
Herz-Dame	Reise für eine Frau, die Sie lieben (aus der Familie oder von nahestehenden Freunden)
Herz-Bube	Befriedigende Veränderung
Herz-Zehn	Fröhliche Reise, und Sie sind dabei von vielen Menschen umgeben
Herz-Neun	Gute Entwicklung im Gefühlsbereich
Herz-Acht	Ein Treffen
Herz-Sieben	Reisepläne

mit

Kreuz-As	Jede Reise oder Veränderung ist von Vorteil
Kreuz-König	Reisepläne für IHN oder mit IHM
Kreuz-Dame	Reisepläne von IHR oder mit IHR
Kreuz-Bube	Studien- oder Kontaktreise
Kreuz-Zehn	Gute wirtschaftliche Veränderung
Kreuz-Neun	Berufliche Reise oder in Verbindung mit Ihren Interessen
Kreuz-Acht	Ortswechsel, um eine Überraschung zu bestätigen
Kreuz-Sieben	Notwendigkeit zum Ausbrechen

KARO-NEUN

mit

Pik-As	Eine schwierige Zeit erweist sich als positiv
Pik-König	Schwierigkeiten mit Behörden oder Gerichten.
Pik-Dame	Sie erfahren von einer Trennung
Pik-Bube	Bruch
Pik-Zehn	Verzögerung bei dem, was Sie unternehmen
Pik-Neun	Unvermeidlicher Bruch
Pik-Acht	Pessimismus
Pik-Sieben	Verlust oder Verzögerung wird bestätigt

mit

Karo-As	Verlorener Brief
Karo-König	Sie leiden unter einer Abwesenheit
Karo-Dame	Klatschsucht mit unangenehmen Folgen
Karo-Bube	Eine erwartete Nachricht verzögert sich
Karo-Zehn	Eine Reise oder eine Veränderung wird gestrichen

Karo-Acht	Zeit der Schocks und der Unsicherheit, Geduld!
Karo-Sieben	Streit wegen einer Verzögerung oder eines Mißgeschicks

mit

Herz-As	Zählen Sie nicht auf Ihre Familie oder Ihre engsten Freunde
Herz-König	Enttäuschende Haltung bei einem Mann mit normalerweise besten Absichten
Herz-Dame	Enttäuschende Haltung bei einer Frau mit normalerweise besten Absichten
Herz-Bube	Eine enttäuschte Hoffnung
Herz-Zehn	Ein Plan zum Ausgehen wird gestrichen
Herz-Neun	Widersprüchliche Liebe
Herz-Acht	Im Augenblick bekommen Sie nicht, was Sie sich wünschen
Herz-Sieben	Im Augenblick ist es sinnlos, auf Ihre Freunde zu zählen

mit

Kreuz-As	Sie besiegen Schwierigkeiten
Kreuz-König	Eine Verzögerung für IHN oder durch IHN
Kreuz-Dame	Eine Verzögerung für SIE oder durch SIE
Kreuz-Bube	Finanzielle Schwierigkeiten
Kreuz-Zehn	Eingang von verspätetem Geld
Kreuz-Neun	Widersprüche in der Karriere oder den Aktivitäten
Kreuz-Acht	Eine geplante Übereinkunft verzögert sich
Kreuz-Sieben	Ein persönlicher Plan verzögert sich

KARO-ACHT

mit

Pik-As	Unterschrift, Übereinstimmung nach Ausflüchten
Pik-König	Schriftwechsel und Unternehmungen
Pik-Dame	Eine Dame hinter einem Schalter
Pik-Bube	Man wirft Ihnen Knüppel zwischen die Beine
Pik-Zehn	Bleiben Sie hartnäckig bei der Langsamkeit der Ereignisse
Pik-Neun	Das Labyrinth; suchen Sie nach dem Ausgang
Pik-Acht	Nachforschungen, anstrengende Schritte
Pik-Sieben	Langsamkeit der Ereignisse

mit

Karo-As	Fehlgeleitete Post
Karo-König	Schritte im Zusammenhang mit der Fremde
Karo-Dame	Eine Unterredung geht negativ aus
Karo-Bube	Aktivitäten
Karo-Zehn	Vorbereitungen für eine lange Reise

Karo-Neun	Aktivitäten ohne Ergebnis
Karo-Sieben	Was Sie vorhaben, bekommt Ihnen nicht gut

mit

Herz-As	Schwierige Übereinstimmung mit Nahestehenden
Herz-König	Schwierige Übereinstimmung in den Gefühlen
Herz-Dame	Schwierige Übereinstimmung in den Gefühlen
Herz-Bube	Gerede, Gerede
Herz-Zehn	Die Zusammentreffen sind günstig
Herz-Neun	Unausgeglichenheit in den Gefühlen
Herz-Acht	Einige Schwierigkeiten, sich verständlich zu machen
Herz-Sieben	Ein sehr verwirrter Freund oder Freundin

mit

Kreuz-As	Auf Regen folgt Sonnenschein
Kreuz-König	Gespräch für IHN oder mit IHM
Kreuz-Dame	Gespräche für SIE oder mit IHR
Kreuz-Bube	Schwierige Übereinstimmung (vorübergehend)
Kreuz-Zehn	Geld oder eine Gehaltserhöhung ist schwer zu bekommen
Kreuz-Neun	Sie unternehmen Schritte wegen eines Vertrages, einer Arbeit oder einer anderen Aktivität
Kreuz-Acht	Gespräche und schließlich Übereinstimmung
Kreuz-Sieben	Zeit der Frustration

KARO-SIEBEN

mit

Pik-As	Sie nehmen einen Vorschlag schlecht auf
Pik-König	Konflikt mit einem einflußreichen, offiziellen Mann
Pik-Dame	Streit mit einer alleinstehenden Dame
Pik-Bube	Man übt Kritik an Ihnen, und das ärgert Sie
Pik-Zehn	Ihr Zorn wird eines Abends ausbrechen
Pik-Neun	Ärgerliches Ereignis
Pik-Acht	Enttäuschung, Widerspruch
Pik-Sieben	Heftiger Ärger

mit

Karo-As	Widersprüchlicher Brief
Karo-König	Ärger, von einem Fremden oder einem Reisenden hervorgerufen
Karo-Dame	Klatsch, der Sie wütend macht

Karo-Bube	Eine Neuigkeit ruft Ihren Zorn hervor
Karo-Zehn	Zorn wegen einer Ortsveränderung
Karo-Neun	Eine Verzögerung verärgert Sie
Karo-Acht	Zorn wegen Zögern

mit

Herz-As	Familienstreit
Herz-König	Ein unzufriedener Mann
Herz-Dame	Eine unzufriedene Frau
Herz-Bube	Kleine Enttäuschung
Herz-Zehn	Zorn an einem Abend oder während eines Essens
Herz-Neun	Streit aus dem Gefühl heraus; Eifersucht
Herz-Acht	Angespanntes Warten
Herz-Sieben	Behinderung

mit

Kreuz-As	Um Erfolg zu haben, seien Sie selbstbewußt
Kreuz-König	ER ist unzufrieden
Kreuz-Dame	SIE ist unzufrieden
Kreuz-Bube	Ungeschicklichkeit
Kreuz-Zehn	Streit um Geld
Kreuz-Neun	Beruflicher oder Interessenskonflikt
Kreuz-Acht	Verletzte Empfindsamkeit; Kränkung
Kreuz-Sieben	Enttäuschung

PIK-AS

mit

Pik-König	Ein einflußreicher Mann greift zu Ihren Gunsten ein
Pik-Dame	Übereinstimmung mit einer alleinstehenden Dame
Pik-Bube	Unehrenhafter Vorschlag
Pik-Zehn	Kompromittierender Vorschlag
Pik-Neun	Unerwartetes Angebot
Pik-Acht	Eine Übereinkunft wird in Frage gestellt
Pik-Sieben	Unterschrift, Übereinstimmung gesichert

mit

Karo-As	Neuer Vorschlag
Karo-König	Vorschlag von weit her
Karo-Dame	Eine Übereinstimmung, die eher ein Burgfrieden ist

Karo-Bube	Vorschlag per Brief
Karo-Zehn	Vorschlag zur Veränderung
Karo-Neun	Vorschlag zur Trennung; ein nicht honorierter Vertrag
Karo-Acht	Schwer zur Übereinstimmung zu kommen
Karo-Sieben	Unerfreulicher Vorschlag

mit

Herz-As	Großer Glücksfall
Herz-König	Übereinstimmung mit einem Mann
Herz-Dame	Übereinstimmung mit einer Frau
Herz-Bube	Übereinstimmung mit einem jungen Mann
Herz-Zehn	Einladung
Herz-Neun	Gefühlsmäßige Übereinstimmung; Heiratsantrag
Herz-Acht	Übereinstimmung mit einem jungen Mädchen oder einer jungen Frau
Herz-Sieben	Festigung der Gefühle

mit

Kreuz-As	Sehr zufriedenstellende Vertragsunterschrift
Kreuz-König	Vorschlag für IHN oder von IHM an Sie
Kreuz-Dame	Vorschlag für SIE oder von IHR an Sie
Kreuz-Bube	Interessanter Vorschlag
Kreuz-Zehn	Übereinstimmung, die Geldgewinn zur Folge hat
Kreuz-Neun	Vorschlag zur Arbeit
Kreuz-Acht	Bald wird ein Vertrag unterschrieben
Kreuz-Sieben	Galanter Vorschlag

PIK-KÖNIG

mit

Pik-As	Offizielle Unterschrift; Übereinstimmung mit einem Mann des Rechts
Pik-Dame	Offizielle, einflußreiche Personen
Pik-Bube	Unrechtmäßigkeit; Frevel
Pik-Zehn	Man versucht Sie in einer Rechtsangelegenheit zu ärgern
Pik-Neun	Strafbefehl, Prozeß
Pik-Acht	Ein Arzt
Pik-Sieben	Aber Sie sind in guten Händen

mit

Karo-As	Brief von einem Mann des Rechts oder einem Beamten
Karo-König	Ein fremder Mann oder einer, der weit entfernt von Ihnen wohnt, mit offizieller Funktion

Karo-Dame	Eine Frau versucht Sie in einem Prozeß oder einem Streitfall zu ärgern
Karo-Bube	Ein Mann aus der Politik
Karo-Zehn	Reise, um Papiere zu unterzeichnen oder Übereinstimmung zu erreichen
Karo-Neun	Eine Angelegenheit, bei der Ihnen Unrecht geschieht
Karo-Acht	Offizielles Vorgehen
Karo-Sieben	Konflikt mit einem wichtigen Mann

mit

Herz-As	Eigentümer, Notar, Rechtsanwalt
Herz-König	Ein Arzt für einen Mann
Herz-Dame	Ein Arzt für eine Frau
Herz-Bube	Studien, Lehren, Neuanfang
Herz-Zehn	Berufung
Herz-Neun	Sie erfahren von einer Trennung oder einer Scheidung
Herz-Acht	Guter Ausgang eines Prozesses oder Streits
Herz-Sieben	Ihre Freunde geben gute Ratschläge

mit

Kreuz-As	Eine Genesung
Kreuz-König	Rivalität unter Männern
Kreuz-Dame	SIE hat juristischen oder finanziellen Ärger
Kreuz-Bube	Juristischer oder finanzieller Ärger legt sich
Kreuz-Zehn	Finanzmann
Kreuz-Neun	Ein Mann, der im Beruf wichtig ist
Kreuz-Acht	Eine Situation klärt sich
Kreuz-Sieben	Kleine Krankheit

PIK-DAME

mit

Pik-As	Sie stimmen mit einer Dame überein
Pik-König	Wichtige Persönlichkeiten
Pik-Bube	Man versucht, eine alleinstehende Dame übers Ohr zu hauen
Pik-Zehn	Ereignis im Zusammenhang mit einer einzelnen Dame
Pik-Neun	Sie erfahren von einer grausamen Trennnung oder von einer Witwenschaft
Pik-Acht	Kleine Krankheit, Erschöpfung bei einer alleinstehenden Dame
Pik-Sieben	Sie setzen auf eine alleinstehende Dame

mit

Karo-As	Brief von einer alleinstehenden Dame
Karo-König	Eine vorübergehende Trennung
Karo-Dame	Rederei
Karo-Bube	Treffen mit einer einzelnen Dame

Karo-Zehn	Eine alleinstehende Dame reist
Karo-Neun	Man versetzt Sie
Karo-Acht	Eine alleinstehende Dame begünstigt Unternehmungen
Karo-Sieben	Eine alleinstehende Dame löst Ihren Zorn aus

mit

Herz-As	Besuch einer Dame
Herz-König	Eine Dame und ihr Freund
Herz-Dame	Eltern oder nahestehende Freunde
Herz-Bube	Eine Dame und ihr Sohn oder Schützling
Herz-Zehn	Sie treffen eine alleinstehende Dame wieder
Herz-Neun	Eine alleinstehende Dame, die Sie sehr liebt
Herz-Acht	Ein einsames Unterfangen, das Erfolg hat
Herz-Sieben	Eine ältere Freundin

mit

Kreuz-As	Vollkommener Trost; Sieg allein dank Ihrer Anstrengungen
Kreuz-König	Eine ältere Dame, die IHM nahesteht
Kreuz-Dame	Eine ältere Dame, die IHR nahesteht
Kreuz-Bube	Das Geschick einer Dame hilft Ihnen
Kreuz-Zehn	Materielle Hilfe von einer Dame
Kreuz-Neun	Eine Dame, die mit Ihnen arbeitet oder an denselben Aktivitäten teilnimmt
Kreuz-Acht	Geschenk von einer alleinstehenden Dame
Kreuz-Sieben	Eine alleinstehende Dame denkt an Sie

PIK-BUBE

mit

Pik-As	Doppeldeutiger Vorschlag, gut überlegen
Pik-König	Spielverderber
Pik-Dame	Spielverderberin
Pik-Zehn	Böses nächtliches Zusammentreffen
Pik-Neun	Eine Haltung überrascht Sie
Pik-Acht	Heftige Worte und Gesten
Pik-Sieben	Niemand nimmt Ihnen Ihre Sicherheit

mit

Karo-As	Falsche Nachricht
Karo-König	Kleiner Verrat in der Ferne
Karo-Dame	Treffen Sie keine unerfreulichen Leute
Karo-Bube	Ein Betrüger
Karo-Zehn	Wenig erfreulicher Ortswechsel oder Reise
Karo-Neun	Falschheit, Bruch der Beziehung

Karo-Acht	Unnötige Anstrengungen
Karo-Sieben	Wut

mit

Herz-As	Wenig positive Reaktion der Nächsten
Herz-König	Zeit des Mißverständnisses (vorübergehend)
Herz-Dame	Zeit des Mißverständnisses (vorübergehend)
Herz-Bube	Provokation, um Sie zu ärgern
Herz-Zehn	Beleidigung
Herz-Neun	Untreue
Herz-Acht	Schlechte Absichten einer jungen Person
Herz-Sieben	Kleiner Verrat unter Freunden

mit

Kreuz-As	Sie siegen über alle Widerstände
Kreuz-König	Ein Verräter begleitet IHN
Kreuz-Dame	Ein Verräter begleitet SIE
Kreuz-Bube	Der Hexenkessel
Kreuz-Zehn	Finanzielle Veruntreuung
Kreuz-Neun	Konflikt im Beruf oder der Interessen
Kreuz-Acht	Sie haben nicht den erwarteten Erfolg
Kreuz-Sieben	Behalten Sie Ihre Ideen im Augenblick für sich, sonst werden sie absichtlich falsch interpretiert

DER SCHWARZE PETER

mit

Pik-As	Ein Vorschlag
Pik-König	Eingriff eines Mannes des Rechts oder der Besuch eines Arztes
Pik-Dame	Für eine alleinstehende Dame
Pik-Zehn	Machenschaften
Pik-Neun	Eine Sorge
Pik-Acht	Eine Krankheit
Pik-Sieben	Eine Sicherheit

mit

Karo-As	Neuigkeiten
Karo-König	Für einen Mann in der Ferne
Karo-Dame	Klatsch
Karo-Bube	Post

Karo-Zehn	Veränderung oder eine Reise
Karo-Neun	Eine Verzögerung
Karo-Acht	Unternehmungen und Untersuchungen
Karo-Sieben	Ein Zornausbruch

mit

Herz-As	Im HAUS
Herz-König	Für einen Mann, den Sie lieben
Herz-Dame	Für eine Frau, die Sie lieben
Herz-Bube	Für einen jungen Mann
Herz-Zehn	Eine Einladung
Herz-Neun	In der Liebe
Herz-Acht	Für ein junges Mädchen
Herz-Sieben	ein neuer Plan

mit

Kreuz-As	Ein Erfolg
Kreuz-König	Für IHN oder Ihren Lebenspartner oder den Partner in dieser Angelegenheit
Kreuz-Dame	Für SIE oder Ihre Lebenspartnerin oder Partnerin in dieser Angelegenheit
Kreuz-Bube	Eine Eroberung
Kreuz-Zehn	Glück
Kreuz-Neun	Arbeit
Kreuz-Acht	Erfolg
Kreuz-Sieben	Ihre geheimen Wünsche

PIK-ZEHN

mit

Pik-As	Ein Ereignis wird eintreten
Pik-König	Ein Mann, der abends arbeitet
Pik-Dame	Eine Dame, die abends arbeitet
Pik-Bube	Unerwartetes Hindernis
Pik-Neun	Warten Sie den Verlauf der Ereignisse ab
Pik-Acht	Sie bekommen eine leichte Krankheit
Pik-Sieben	Aber doch nicht sofort

mit

Karo-As	Geheime Korrespondenz
Karo-König	Weit entferntes Ereignis
Karo-Dame	Kleine Gemeinheit
Karo-Bube	Sie finden Verlorenes wieder
Karo-Zehn	Nächtliche Reise

Karo-Neun	Schwierigkeiten aller Art erwarten Sie
Karo-Acht	Noch viel Anstrengung ist nötig
Karo-Sieben	Blinde Wut

mit

Herz-As	Abends, am Feuer
Herz-König	Ein Mann, den Sie abends treffen
Herz-Dame	Eine Frau, die Sie abends treffen
Herz-Bube	Heimliche Aktivität oder Verbindung
Herz-Zehn	Abendlicher Ausgang
Herz-Neun	Ein Ereignis im Gefühlsbereich bereitet sich vor
Herz-Acht	Sehr bald Glück und Erfolg für Sie
Herz-Acht	Nächtlicher Besuch

mit

Kreuz-As	Bald eine großartige Zeit
Kreuz-König	Ein Abend für IHN oder mit IHM
Kreuz-Dame	Ein Abend für SIE oder mit IHR
Kreuz-Bube	Ereignis im Zusammenhang mit einem Junggesellen
Kreuz-Zehn	Unerlaubter Gewinn
Kreuz-Neun	Nächtliche Arbeit oder Aktivität
Kreuz-Acht	Man macht Ihnen ein unerwartetes Geschenk
Kreuz-Sieben	Sie machen eine Eroberung

PIK-NEUN

mit

Pik-As	Qual
Pik-König	Öffentliche Prüfung
Pik-Dame	Verlassene Frau
Pik-Bube	Man ärgert Sie absichtlich
Pik-Zehn	Böse Überraschung
Pik-Acht	Ernste Krankheit
Pik-Sieben	Trauer

mit

Karo-As	Neue Enttäuschung
Karo-König	Rückkehr eines Reisenden
Karo-Dame	Boshaftigkeit, Eifersucht
Karo-Bube	Unangenehme Post
Karo-Zehn	Eine unerwartete Ortsveränderung, die Ihnen keine Freude macht

Karo-Neun	Trennung; Bruch
Karo-Acht	Unnötige Schritte und Gespräche
Karo-Sieben	Streit

mit

Herz-As	Böse Überraschung zu Hause
Herz-König	Ein Mann enttäuscht Sie
Herz-Dame	Eine Frau enttäuscht Sie
Herz-Bube	Verpflichten Sie sich zu gar nichts, es ist nicht der Augenblick dafür
Herz-Zehn	Empfang, bei dem Sie sich nicht wohl fühlen
Herz-Neun	Der große Bruch
Herz-Acht	Etwas wird in Frage gestellt
Herz-Sieben	Plan ohne Folgen

mit

Kreuz-As	Schwierigkeiten, aber Erfolg
Kreuz-König	Böse Überraschung für IHN oder durch IHN
Kreuz-Dame	Böse Überraschung für SIE oder durch SIE
Kreuz-Bube	Ungeschick mit ärgerlichen Folgen
Kreuz-Zehn	Finanziell droht Ärger oder Geldverlust
Kreuz-Neun	Arbeit oder Aktivität ohne große Begeisterung
Kreuz-Acht	Sie sind nicht sofort zufrieden
Kreuz-Sieben	Wegen einer verlorenen Schlacht gibt man den Krieg nicht gleich auf

PIK-ACHT

mit

Pik-As	Nichts entspricht Ihren Erwartungen
Pik-König	Depression; Erschöpfung
Pik-Dame	Kummer
Pik-Bube	Schlechter Einfluß von einem Mann
Pik-Zehn	Depressive Stimmung
Pik-Neun	Ein böser Schicksalsschlag
Pik-Sieben	Sie sollten Ferien machen

mit

Karo-As	Man kündigt Ihnen eine Krankheit an
Karo-König	Unfall für einen Reisenden
Karo-Dame	Schlechter Einfluß von einer Frau
Karo-Bube	Ein Brief, in dem von Krankheit die Rede ist
Karo-Zehn	Unfallgefahr bei Ortswechsel
Karo-Neun	Eine Abwesenheit ist schwer zu ertragen
Karo-Acht	Krankheit und Sorgen
Karo-Sieben	Zeit der Entmutigung

mit

Herz-As	Krankheit in der Familie
Herz-König	Prüfung für einen Mann, den Sie lieben
Herz-Dame	Prüfung für eine Frau, die Sie lieben
Herz-Bube	Prüfung für einen jungen Mann
Herz-Zehn	Baldiger Trost
Herz-Neun	Hindernisse im Gefühlsbereich
Herz-Acht	Prüfung für ein junges Mädchen
Herz-Sieben	Ein Plan, der nicht aufgeht

mit

Kreuz-As	Baldige Heilung. Überwundene Schwierigkeit
Kreuz-König	Krankheit, Müdigkeit bei IHM
Kreuz-Dame	Krankheit, Müdigkeit bei IHR
Kreuz-Bube	Krankheit, Müdigkeit bei einem jungen Mann
Kreuz-Zehn	Gefahr von Geldmangel
Kreuz-Neun	Gefahr des Verlustes des Arbeitsplatzes
Kreuz-Acht	Krankheit, Müdigkeit bei einem jungen Mädchen
Kreuz-Sieben	Enttäuschung

PIK-SIEBEN

mit

Pik-As	Sicherheit und Übereinstimmung
Pik-König	Mann des Rechts; Arzt
Pik-Dame	Dame mit guten Ratschlägen
Pik-Bube	Hindernisse
Pik-Zehn	Der Abend
Pik-Neun	Eine Überraschung
Pik-Acht	Achten Sie auf Ihre Gesundheit

mit

Karo-As	Eine wichtige Neuigkeit
Karo-König	Die Treue eines Reisenden
Karo-Dame	Boshafte Frau
Karo-Bube	Bestimmt wird eine Reise gemacht
Karo-Zehn	Der Briefträger
Karo-Neun	Eine Verzögerung
Karo-Acht	Der Zufall greift ein
Karo-Sieben	Enttäuschung

mit

Herz-As	Im Haus
Herz-König	Der Geliebte oder ein treuer Freund
Herz-Dame	Die Geliebte oder eine treue Freundin
Herz-Bube	Treue eines nahestehenden Junggesellen
Herz-Zehn	Ausgehen
Herz-Neun	Sicherheit in der Liebe
Herz-Acht	Treue einer nahestehenden Junggesellin
Herz-Sieben	Ein neuer Plan

mit

Kreuz-As	Sicherer Erfolg
Kreuz-König	ER kann sich sehr sicher fühlen; oder große Treue seinerseits
Kreuz-Dame	SIE kann sich sehr sicher fühlen; oder große Treue ihrerseits
Kreuz-Bube	Gute Kontakte
Kreuz-Zehn	Sicherer Geldgewinn
Kreuz-Neun	Sicherheit für die Arbeit oder die Aktivitäten
Kreuz-Acht	Erfolg
Kreuz-Sieben	Ihre unmittelbare GEDANKENWELT

Ich möchte deutlich darauf hinweisen, daß dieses Buch nicht das Einfühlungsvermögen des inneren visionären Blicks ersetzen kann, den man DAS SEHERISCHE nennt.

Es kann daher der Praxis der Kartenleger nicht schaden.

Wahrsagen mit 52 Karten

52 oder 32

Sie können für Ihren Versuch, die Zukunft vorauszusagen, entweder das ganze Spiel mit 52 Karten verwenden oder auch die Zweier, Dreier, Vierer, Fünfer und Sechser weglassen und nur mit den verbleibenden 32 Karten arbeiten, wie auf den Seiten 10–111 gezeigt wurde. Sie erhalten mit beiden Spielen gleich gute Ergebnisse. Auf jeden Fall müssen Sie aber darauf achten, die beiden nicht durcheinanderzubringen: Die Bedeutungen der einzelnen Karten im Spiel mit 52 Blättern sind nicht die gleichen wie im Spiel mit 32 Blättern, und auch die Methoden des Legens variieren. Was hingegen in beiden Fällen gleich ist, das sind die Einflußbereiche der vier Farben sowie auch die Wahl der Kundenkarte und die allgemeinen Vorbereitungen zum Legen.

Die „Kundenkarte" ist ein König oder eine Dame und stellt den Menschen dar, dem die Karten gelegt werden. Soweit möglich, wählen Sie eine Karte, die mit Alter, Geschlecht und Haarfarbe der betreffenden Person übereinstimmt.

Für einen älteren Mann mit blondem, grauem oder rötlichem Haar nehmen Sie den Karo-König.

Für eine ältere Frau mit blondem, grauem oder rötlichem Haar nehmen Sie Karo-Dame.

Für einen jüngeren Mann mit blondem oder rötlichem Haar nehmen Sie Herz-König.

Für eine jüngere Frau mit blondem oder rötlichem Haar nehmen Sie Herz-Dame.

Für einen dunkelhaarigen älteren Mann nehmen Sie Pik-König.

Für eine dunkelhaarige ältere Frau nehmen Sie Pik-Dame.

Für einen dunkelhaarigen jüngeren Mann nehmen Sie Kreuz-König.

Für eine dunkelhaarige jüngere Frau nehmen Sie Kreuz-Dame.

Vorbereitung zum Kartenlegen

Wählen Sie die Kundenkarte für Ihr Gegenüber aus und legen Sie sie in die Mitte des Tischs. Bitten Sie die betreffende Person, die Karten gut zu mischen, und heben Sie dann mit der linken Hand ab; Sie sollten sich beide voll auf die Karten konzentrieren und an nichts anderes denken. Legen Sie die Karten dem vorgesehenen Schema entsprechend um die Kundenkarte herum aus und beginnen Sie dann mit der Deutung.

Vielleicht hätten Sie gern einen allgemeinen Hinweis auf das Schicksal Ihres Gegenübers, bevor Sie mit der umfassenden Deutung beginnen. In diesem Fall sollte die Person nach dem Mischen zweimal mit der linken Hand abheben, um die Karten in drei Stapel zu teilen. Deuten Sie die unterste Karte jedes dieser drei kleinen Stapel, und zwar erst einzeln und dann im Zusammenhang. Diese Karten zeigen an, ob die bevorstehende Deutung günstig ausfällt oder nicht. Bitten Sie Ihr Gegenüber, erneut zu mischen und abzuheben, bevor Sie die Karten für die vollständige Deutung auslegen.

Der Tradition zufolge bringt es Unglück, sich selbst die Karten zu legen oder die Karten zu lesen, wenn man allein ist. Es heißt auch, man dürfe derselben Person nicht mehr als einmal in der Woche die Karten legen, weil sie sonst ihre Kraft verlieren. Es dürfen aber bei jeder umfassenden Deutung wiederholt Karten ausgelegt werden, sofern diese nur dazu dienen, Unklarheiten im Schema auszuräumen.

Wenn Sie ein ganzes Spiel mit 52 Karten verwenden, brauchen Sie sich nicht darum zu kümmern ob eine Karte aufrecht oder umgekehrt liegt: Sie hat in beiden Lagen die gleiche Bedeutung.

Herz

As	Das Heim. Liebe, Freundschaft und Glück.
König	Ein gefälliger, vorwärtsdrängender, hellhaariger Mann.
Dame	Eine zuverlässige, liebevolle, hellhaarige Frau.
Bube	Ein guter Freund.
Zehn	Glück und Zufriedenheit.
Neun	Die „Wunschkarte“, die Träume wahr werden läßt.
Acht	Einladung und Feste.
Sieben	Falsche Hoffnungen und nicht gehaltene Versprechungen, eine unzuverlässige Person.
Sechs	Außergewöhnliche Großzügigkeit, unverhofftes Glück.

Fünf	Eifersucht, Unentschlossenheit.
Vier	Veränderungen, Verzögerungen, Aufschub (besonders von Hochzeiten).
Drei	Mahnt zur Vorsicht.
Zwei	Erfolg und Wohlstand.

Kreuz, Treff

As	Reichtum, Gesundheit, Liebe und Glück.
König	Ein ehrlicher, großzügiger, dunkelhaariger Mann.
Dame	Eine attraktive, selbstbewußte, dunkelhaarige Frau.
Bube	Ein zuverlässiger Freund.
Zehn	Unverhoffte Geldeinnahme, Glück.
Neun	Hartnäckige Freunde.
Acht	Widerstand, Enttäuschung, es werden leichtsinnig Risiken eingegangen.
Sieben	Wohlergehen, Glück – unter der Voraussetzung, daß ein Mitglied des anderen Geschlechts nicht störend einwirkt.
Sechs	Geschäftlicher Erfolg.
Fünf	Ein neuer Freund oder eine glückliche Heirat bzw. Ehe.
Vier	Wendung zum Schlechteren.
Drei	Eine Heirat, die Geld bringt. Kann mehrere Eheschließungen bedeuten.
Zwei	Widerstand und Enttäuschungen.

Karo

As	Geld, ein Brief oder ein Ring.
König	Ein eigensinniger. aufbrausender, hellhaariger Mann.
Dame	Eine verführerische, weltgewandte, hellhaarige Dame.
Bube	Ein nicht ganz zuverlässiger Verwandter.
Zehn	Heirat oder Geld, eine Reise, Veränderungen.
Neun	Innere Unruhe. Eine mit Geld verbundene Überraschung.
Acht	Eine Heirat im späteren Alter. Eine Reise, die zu einer neuen Beziehung führt.
Sieben	Schwere Verluste.
Sechs	Eine Warnung vor einer zweiten Ehe.
Fünf	Wohlstand, gute Nachrichten, eine glückliche Familie.
Vier	Eine Erbschaft, Veränderungen, Ungelegenheiten.
Drei	Rechtliche oder häusliche Auseinandersetzungen.
Zwei	Eine ernsthafte Liebesbeziehung.

Pik

As	Emotionaler Konflikt, ein unglückliches Liebesverhältnis. Manchmal als „Todeskarte" bezeichnet.
König	Ein ehrgeiziger, dunkelhaariger Mann.

Dame	Eine skrupellose, dunkelhaarige Frau.
Bube	Ein Bekannter, wohlmeinend, aber träge.
Zehn	Unglück und Sorgen.
Neun	Pech auf allen Gebieten.
Acht	Bevorstehende Schwierigkeiten und Enttäuschungen.
Sieben	Kummer, Verlust einer Freundschaft.
Sechs	Eine gewisse Besserung der Lage.
Fünf	Rückschläge und Besorgnis, aber schließlich doch Erfolg.
Vier	Mißgunst, Krankheit, geschäftliche Sorgen.
Drei	Treulosigkeit und Abschiede, Trennungen.
Zwei	Trennung, Skandal, Täuschung.

Besondere Kombinationen

Im Spiel mit 52 Blättern haben manche Kartenkombinationen besondere Bedeutungen. Letztere sind nur dann zutreffend, wenn die Karten direkt nebeneinanderliegen.
Herz-As neben einer anderen Herzkarte Freundschaft.
Herz-As zwischen zwei Herzkarten Liebesbeziehung.
Herz-As zwischen zwei Karokarten Geld.
Herz-As zwischen zwei Pikkarten Streitigkeiten.
Karo-As/Kreuz-Acht Ein geschäftliches Angebot.
Pik-As/Kreuz-König Ein Politiker.
Pik-As/Pik-Zehn Ein ernsthaftes Unternehmen.
Pik-As/Herz-Vier Ein Baby.
Herz-Zehn Annulliert benachbarte Karten, die Unglück verheißen; verstärkt benachbarte Karten, die Glück verheißen.
Karo-Zehn/Herz-Zwei Heirat, die Geld bringt.

Pik-Zehn Annulliert benachbarte Karten, die Glück verheißen; verstärkt benachbarte Karten, die Unglück verheißen.
Pik-Zehn neben irgendeiner Kreuzkarte Geschäftliche Probleme.
Pik-Zehn zwischen zwei Kreuzkarten Diebstahl, Fälschung, schwerwiegende geschäftliche Verluste.
Herz-Neun neben irgendeiner unglückverheißenden Karte Streitigkeiten, zeitweilige Hindernisse.
Herz-Neun/Pik-Fünf Statusverlust.
Kreuz-Zehn/Herz-Acht Frohsinn.
Karo-Neun neben irgendeiner Figurenkarte Es mangelt an Erfolg und Konzentrationsfähigkeit.
Karo-Neun/Pik-Acht Ein bitterböser Streit.
Pik-Neun/Karo-Sieben Geldverlust.
Herz-Acht/Karo-Acht Eine Aussteuer.
Herz-Acht/Herz-Fünf Geschenk eines Schmuckstücks.
Karo-Acht/Herz-Fünf Ein Geldgeschenk.
Pik-Acht direkt rechts neben der Kundenkarte Lassen Sie Ihre augenblicklichen Pläne fallen.
Herz-Vier neben irgendeiner Figurenkarte Viele Liebesabenteuer.
Kreuz-Vier neben irgendeiner Figurenkarte Ein Verlust, Ungerechtigkeit.
Kreuz-Zwei/Karo-Zwei Eine überraschende Mitteilung.

Sieben Dreierstapel

Dieses Schema, auch sieben Stapel genannt, wird angewandt, um ein allgemeines Bild von der Zukunft des Kunden zu erhalten. Verwenden Sie alle 52 Karten und legen Sie die Kundenkarte aufgedeckt auf die Mitte des Tischs. Nach dem Mischen legen Sie die obersten 21 Karten in der Reihenfolge aus, wie es durch die Zahlen im Bild Seite 123 angegeben ist. Auf der linken Seite beginnend, decken Sie jede Dreiergruppe einzeln auf und interpretieren die Karten.

Deutung

Die Kundin ist eine dunkelhaarige junge Frau; ihre Kundenkarte ist Kreuz-Dame (*C*).

Die Persönlichkeitskarten (*1, 2, 3*) spiegeln ihr außerordentlich großzügiges Wesen wider, aber sie wird reich dafür belohnt werden, da sie die Früchte der Güte, die sie gesät hat, auch ernten wird. Sie neigt dazu, sich über ihre Ehe und über Geld zu große Sorgen zu machen, und es fällt ihr sehr schwer sich zu ändern.

Ihre gegenwärtigen familiären Verhältnisse (Karten *4, 5, 6*) werden von einem zuverlässigen Partner geteilt, und gemeinsam trotzen sie den Rückschlägen, die das Leben nun einmal mit sich bringt. Ihre Freunde erscheinen vielleicht in vielerlei Hinsicht halsstarrig und unbeugsam, und es ist ratsam, sich weder auf sie zu verlassen noch sie als selbstverständlich zu betrachten.

Die Karten, die ihre Wünsche andeuten (*7, 8, 9*), enthüllen, daß sie sowohl Geld wie auch irdische Güter möchte; es könnte gut sein, daß sie beides in der Zukunft haben wird. Sie wird zu größter Vorsicht gemahnt, wenn sie Briefe schreibt, besonders was die Enthüllung persönlicher Geheimnisse angeht.

Positionen der sieben Dreierstapel

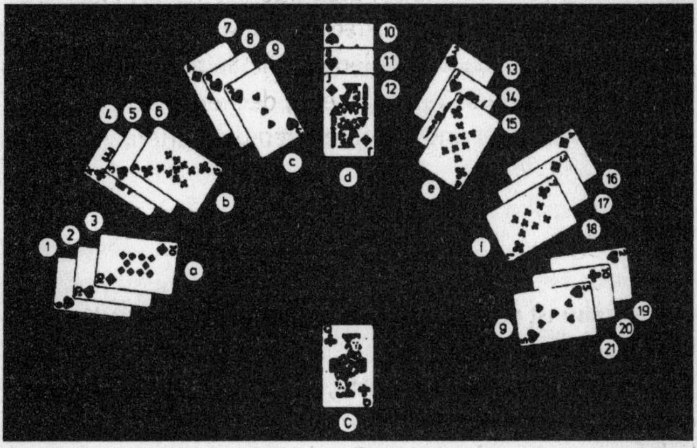

Stapel a Persönlichkeit und Gemütszustand.
Stapel b Familie und Heim.
Stapel c Gegenwärtige Wünsche.
Stapel d Hoffnungen und Erwartungen.
Stapel e Unvermutetes.
Stapel f Die nahe Zukunft
Stapel g Die ferne Zukunft.

Ihre Hoffnungen und Erwartungen (Karten *10, 11, 12*) könnten durch einen nicht ganz zuverlässigen Bekannten zunichte gemacht werden. Gesellschaftliche Ereignisse, die geplant sind, werden nicht ganz so erfreulich verlaufen, wie sie hofft: Sie werden vom Bruch einer seit langer Zeit bestehenden Beziehung überschattet.

Die Karten, die das Unvermutete enthüllen (*12, 13, 14*), lassen erkennen, daß Neuigkeiten über einen guten Freund möglicherweise Schock und Skandal auslösen, vielleicht verbunden mit einer Trennung oder Scheidung. Jeder Rat, den die Kundin der Freundin oder dem Bekannten erteilt, stößt auf hartnäckigen Widerstand. Die Kundin wird leichtsinnig, sollte jedoch gewarnt werden, daß es nichts bringen wird, ein Risiko einzugehen.

In der nahen Zukunft (Karten *16, 17, 18*) erwartet die Kundin eine Erbschaft, die aber stark zusammenschrumpfen könnte, bevor sie in ihre Hand kommt. Wahrscheinlich steht eine Veränderung bevor, und es könnten Schwierigkeiten daraus entstehen, wenn die Kundin nicht die Möglichkeit erhält, die Dinge nach eigenem Ermessen zu regeln. Sie wird vor einem Mann gewarnt, der sich ungefragt einmischt.

Die Karten für die fernere Zukunft (*19, 20, 21*) zeigen, daß das Leben der Kundin auf lange Sicht sehr vielversprechend aussieht und Erfolg und Wohlstand bringen könnte. Ihre Geldsorgen werden abnehmen, aber Unentschlossenheit und Eifersucht könnten andere Probleme mit sich bringen. Sie muß für ihren zukünftigen Seelenfrieden eine positive Einstellung zum Leben entwickeln.

Glückbringende 13

Dieses Schema kann verwendet werden, um ein allgemeines Bild über die Zukunft zu erhalten oder um Fragen zu bestimmten Lebensbereichen des Kunden zu beantworten. Es werden alle 52 Karten benutzt, und die Kundenkarte ist immer der Joker. Legen Sie den Joker offen in die Mitte und dann die obersten 12 Karten des Stapels verdeckt in der gezeigten Anordnung und Reihenfolge darum herum (*1a, 1b, 2a, 2b* etc.). Decken Sie die Karten paarweise auf (*1a* mit *1b, 2a* mit *2b* etc.) und deuten Sie sie.

Deutung

Diese Karten wurden für einen Kunden gelegt, der eine zweite Ehe in Erwägung zog. Das Glück und die Zufriedenheit, die von Herz-Zehn (*1a*) angedeutet werden, scheint in krassem Gegensatz zu dem Skandal zu stehen, der von der Pik-Zwei (*1b*) angedeutet wird aber da die Herz-Zehn alle angrenzenden Karten annulliert, die Unglück verheißen, sollte jede Drohung einer Trennung oder Täuschung als reiner Verdacht angesehen werden. Karo-Neun (*2a*) und Herz-Dame (*2b*) deuten an daß Unruhe und Zweifel im Zusammenhang mit einer blonden Frau sich als frustrierend erweisen könnten. Eine romantische Beziehung wird bald in eine beunruhigende Phase eintreten, aber man sollte das liebevolle und zuverlässige Wesen der betreffenden Dame nicht vergessen. Bedauerlicherweise bringt die Kombination dieser beiden Karten einen störenden Einfluß mit sich, der es erschwert, Erfolg zu haben.

Karo-Sechs (*3a*) und Pik-Acht (*3b*) warnen vor einer übereilten zweiten Ehe, die zum gegenwärtigen Zeitpunkt nur Enttäuschung bringen würde. Der Kunde sollte die Situation noch einmal überprüfen, bevor er sich endgültig bindet. Die Kombination von Pik-Dame (*4a*) und Herz-Vier (*4b*) deutet immer auf Liebesabenteuer hin. In diesem Fall ist im Zusammenhang mit einer Liebesbeziehung oder Heirat mit ei-

ner Verzögerung oder Änderung der Pläne zu rechnen. Eine skrupellose Frau könnte versuchen, sich einzumischen, aber mit Voraussicht läßt sich das verhindern.

Pik-Sechs (*5a*) und Karo-Zwei (*5b*) lassen auf eine Besserung im Liebesleben des Kunden schließen, vorausgesetzt er beherzigt den Rat, der von den vorhergehenden Karten erteilt wurde. Es wird eine ernsthafte Liebesbeziehung angezeigt, und der Kunde kann sich auf Glück und Harmonie in dieser Verbindung freuen. Kreuz-Neun (*6a*) und Kreuz-As (*6b*) deuten an, daß Freunde, die in der Vergangenheit ins Vertrauen gezogen wurden, jetzt keine Hilfe sind und der Kunde täte gut daran, ihnen in persönlichen Angelegenheiten nicht zu trauen. Der endgültige Ausgang der Dinge könnte jedoch nicht besser sein, da das Kreuz-As zeigt, daß der Kunde mit Gesundheit, Reichtum, Liebe und Glück rechnen kann.